Harald Koisser • Die Kunst, sich zu verändern

Harald Koisser

Die Kunst, sich zu verändern

Orac

www.kremayr-scheriau.at

ISBN 978-3-7015-0589-0
Copyright © 2016 by Verlag Kremayr & Scheriau GmbH & Co. KG, Wien
Alle Rechte vorbehalten
Schutzumschlaggestaltung: Sophie Gudenus, Wien
Unter Verwendung eines Fotos von Shutterstock/Oliko
Typografie und Satz: Michael Karner, Gloggnitz
Druck und Bindung: Christian Theiss GmbH, St. Stefan i. Lavanttal

Inhalt

Für Caroline, die gerade
ihre Flügel entfaltet

Vorwort: Veränderung ist eine Kunst, die jeder beherrscht

Leben ist Veränderung im Dauerzustand, doch meist passiert sie eher sanft und unmerklich. Wandel stellt sich dar als ein selbsttätiges Gleiten von einem ins andere, wenig fordernd, wie ein seichter See mit sanfter Strömung. Erneuerung ist, wenn wir die Wohnung frisch ausmalen, den Internetanbieter wechseln und plötzlich eine zusätzliche Lachfalte um den Mundwinkel entdecken. Alles ist gut.

Doch manchmal bricht die Möglichkeit des Andersseins in den Alltag und fordert ihr Recht. So kann es nicht weitergehen! Mit mir nicht mehr! Es muss sich etwas ändern!

Ein inneres Bitten wird zu einem Schrei. Er will gehört und mehr noch - verwirklicht werden. Beruf, Partnerschaft, Lebensstil ... etwas ganz Grundlegendes passt nicht mehr und man spürt, man ist dem entwachsen wie einem alten Mantel, von dem man ohnehin wusste, dass er schon längst nicht mehr kleidet - weder in Größe noch in Schnitt. Dieser Mantel, das bin ich nicht mehr. Auch wenn ich ihn einst noch so geliebt habe.

Dann kündigt sich wahrer Wandel an, radikale Veränderung. Das Wort »radikal« kommt vom lateinischen radix, die Wurzel, und tatsächlich geht es dann darum, etwas an der Wurzel zu packen und vielleicht mit ihr auszureißen. Radikale Veränderung ist nicht immer gemütlich, doch unendlich beglückend, wenn sie gelingt. Die Erkenntnis, sich neu erfinden zu können, ist eine Grunderfahrung des schöpferischen Wesens.

Dieses Buch ist für alle geschrieben, die an der Schwelle zu einem Übergang oder bereits mittendrin stehen und VerwandlungskünstlerInnen werden wollen. Wir alle haben schließlich die Möglichkeit, in unserem Leben den Reset-Knopf zu drücken.

Unsere Ernährungsgewohnheiten, Lebensstile oder Denkmuster sind kein Schicksal. Wir selbst haben sie gewählt. Wir selbst können sie ändern.

Radikale Veränderung bedeutet, Dinge zurückzulassen, sich von Gewohntem zu verabschieden, Neuland zu betreten. Das kann Angst machen, aber es ist ein Akt radikaler Selbstliebe. Nur die Fähigkeit, sich selbst anzunehmen, erlaubt es, sich selbst zu verändern. Nur die Liebe erlaubt den Blick auf die unendlichen Möglichkeiten. Angst schnürt ein und verengt, Liebe befreit und erweitert.

Die Spielebox des Lebens

Die Spieleschachtel der Möglichkeiten, die uns als Kinder überreicht wird, ist oft nicht besonders üppig bestückt. Manchmal liegt in ihr nur eine einzige Option, etwa: »Du übernimmst einmal unseren Betrieb!« »Du bist ein Mädchen und wirst einmal heiraten, du brauchst also kein Studium.« »Du wirst Musikerin so wie ich.«

Das, was im Leben angeblich möglich ist, wird für uns zuallererst einmal von den Erziehungsberechtigten definiert. Die Bäume dürfen sprichwörtlich nicht in den Himmel wachsen und die Erziehung junger Triebe führt meist zu kultiviertem Bonsai. Doch betrachten wir das als gute Nachricht. In unserer Spielebox liegt nur ein einziger Baustein? Gut, dann können wir sie ja nach unserem Gutdünken befüllen. Es ist ja auch gar nicht in der Verantwortung der Erziehungsberechtigten, die Schachtel vollzufüllen. Es ist schließlich unser eigenes Spiel.

Wenn man etwas Neues als Baustein in sein Lebensspiel einbaut, beginnt man damit zu spielen, der homo ludens ist wunderbar neugierig und erfinderisch. Das Spielen mit der Welt erschafft sie neu. So wie der Junge Bastian Bux in der »Unendlichen Geschichte«, jenem klugen Buch von Michael Ende, das Land »Phantásien« neu aus seinen Gedanken heraus erbaut, so können auch wir unser »Phantásien« erbauen. Wenn wir uns aber vom Spiel mit den Möglichkeiten abbringen lassen, dann frisst das große Nichts unser »Phantásien« auf. Die Welt wird taub, leer, gefühllos. Wer nur das für möglich hält, was es schon gibt, ist kein Schöpfer, sondern Bestatter seiner Lebendigkeit.

Werden Sie also VerwandlungskünstlerIn. Wie der Name schon sagt, ist Verwandlung eine Kunst und kann, wie jede Kunst, geübt und perfektioniert werden. Da Verwandlung ein Grundmuster des Lebens ist, ist die Verwandlungskunst dem Menschen mitgegeben und folglich auch so leicht anwendbar wie Gehen und Sprechen und später dann Schwimmen und Autofahren. Doch wie auch diese Befähigungen will die Verwandlungskunst langsam begonnen und trainiert werden.

Viele Menschen gehen davon aus, dass Verwandlung schicksalhaft ist und ungefragt über sie hereinbricht. »Karma« eben, wie man neuerdings in Anlehnung an fernöstliches Gedankengut sagt. Radikale Umbruchzeiten unterstützen dieses Gefühl des Ausgeliefertseins. Wir erleben tatsächlich gerade einen Epochenbruch, sozusagen ein kollektives Reset. Das heißt, dass wir jetzt, Anfang des 21. Jahrhunderts - auch wenn wir es selbst partout nicht wollen -, systemisch in massive Veränderung gestoßen werden. Das globale Orchester hat sich auf eine Tonlage eingestimmt, die wir auf unseren zart besaiteten Seelen erst finden müssen. Auch wenn man gerade nichts Großes im eigenen Leben zu ändern hat - das große Leben ändert sich gerade. Und zwar so richtig.

So beschäftigen sich viele Menschen eher mit dem Ausweichen und Durchtauchen als mit aktiver Verwandlung. Aber wäre es nicht beglückender, auf der Flutwelle der Veränderung surfen zu können anstatt einfach nur nicht darin zu ertrinken? Wäre es nicht schön, die Veränderung selbständig in die Hand zu nehmen, anstatt sie bloß zu erdulden?

Was dieses Buch Ihnen vermitteln will

Dieses Buch ist ein Übungsbuch, geschrieben von einem permanent Übenden. Ich erzähle von Veränderung und Verwandlung, so wie ich sie verstehe und erlebe. Ich habe viele Firmen durch Veränderungsprozesse begleitet und noch mehr Einzelpersonen. Im Rahmen von individuellen Coachings, in Fastenkursen und bei der Begleitung von Liebespaaren in Fragen von Liebe, Sexualität und Partnerschaft. Letztlich geht es immer um dieselben Ängste und tiefliegenden Widerstände gegen die ersehnte Verwandlung.

Von der Philosophie des Abendlandes bis zu den Schnulzensängern aller Epochen werden immer dieselben Wahrheiten wiedergekäut. Wir wissen alles und wir wissen es längst. Wir tun es bloß einfach nicht. Betrachten Sie dieses Buch als Erinnerung an verschüttete Selbstverständlichkeiten. Wir leben in einer Kultur des Festhaltens und so fügt uns der ganz natürliche Prozess der Veränderung - von der Änderung eines Lebensstils bis zum Älterwerden - Schmerzen zu wie eine Muskelgruppe, die lange nicht trainiert worden ist. Im Sinne der Lebensqualität empfiehlt es sich, verkümmerte Muskeln und Fähigkeiten zu trainieren.

Der Umstand, dass dieses Buch einen durchaus überschaubaren Umfang hat, ist dem Mut und der Zuversicht geschuldet, die ich verbreiten möchte. Ein dicker Foliant über die Kunst der Veränderung würde schon alleine durch sein Gewicht und den Seitenumfang signalisieren, dass das eine schwierige Angelegenheit ist. Ich habe daher das gemacht, wovon ich hier mehrfach rede: Loslassen! Sätze und Gedanken, auch wenn sie noch so fein sind, sterben lassen. Das Wesentliche, das ich sagen möchte, im Auge behalten. Die kürzestmögliche Zusammenfassung dieses Buches lautet: Veränderung ist eine Kunst! Eine Kunst, die jeder und jede beherrscht.

ÜBUNG

Dazu gleich eine harmlose Übung zum Aufwärmen. Verschränken Sie bitte die Arme vor der Brust, so wie Sie es schon Tausende Male getan haben. Jetzt ruhen die Finger Ihrer linken Hand auf dem rechten Oberarm und die rechte Hand ist unter Ihrem linken Oberarm versenkt. Oder umgekehrt. Jeder Mensch macht das anders, aber jeder macht es immer gleich. Jetzt ersuche ich Sie, es genau andersrum zu machen. Öffnen Sie Ihre Arme, lassen Sie sie am Körper herunterhängen und verschränken Sie sie nun erneut, aber anders, als Sie es sonst machen. Geschafft? Wunderbar. Sie sehen, es ist kurz verwirrend, man muss ein bisschen nachdenken, aber es klappt. So ist das mit der Veränderung. Ein bisschen Verwirrung, ein bisschen Nachdenken – mehr braucht es oft nicht, um etwas anders zu machen als bisher.

Die Verwandlungskunst

Werden Sie VerwandlungkünstlerIn. Es ist nicht schwer und ich begleite Sie dabei. Mit jeder Seite des Buches ändert sich etwas, kommt etwas hinzu, manchmal kommt etwas wieder, noch einmal, doch anders. Vielleicht lesen Sie es gar nicht chronologisch, sondern erlauben sich Sprünge, blättern gar ans Ende. Genau so können Sie mit dem Buch des Lebens verfahren. Sie müssen die darin verpackten Geschichten nicht chronologisch lesen, sondern können wählen, welche Seite Sie aufschlagen. Niemand zwingt Sie, die Seiten der Reihe nach umzublättern.

Vielleicht kommen Sie drauf, dass das Leben gar kein Buch ist, sondern eine Bibliothek. Sie lesen ja auch nicht mehr die Bilderbücher Ihrer Kindheit. Also müssen Sie auch nicht den Schauerroman und die Tragikomödie weiterlesen, die gerade aufgeschlagen auf Ihrem Nachtkästchen liegen. Greifen Sie zu etwas, das Sie wirklich, wirklich lesen wollen.

Verwandlungskunst beginnt mit der Erkenntnis, wählen zu können. Sie treffen jede Sekunde eine Wahl, dies zu tun und etwas anderes zu lassen. Sie lesen dieses Buch. Hat Sie jemand dazu gezwungen, ermächtigt, gebeten? Tun Sie es, weil eine höhere Macht es Ihnen aufgetragen hat? Sind Sie angekettet und erdulden es schicksalhaft, Seite um Seite, Wort um Wort? Oder tun Sie es, einfach weil Sie selbst es gerade so wollen?

Wir sind unseren Wahlmöglichkeiten gegenüber oft blind. Wir tun etwas und erleben es als schicksalhaft. Hätten wir etwas anderes getan und wäre etwas anderes passiert, hätten wir es als ebenso schicksalhaft erlebt. Wir nennen Entscheidungen »Schicksal« und halten unsere Affekte für ein Naturgesetz. Wir tun andauernd irgendetwas und tun so, als könnten wir nicht anders.

So tun als ob ist keine Lösung

Zur Verwandlungskunst ist anzumerken, dass sie kein Schauspiel ist. Verwandlung ist kein Spiel, sondern Wirklichkeit. Wer sich verwandelt, tut es nicht als Maskerade und zur Freude eines Publikums, sondern erlebt das Neue in Echtzeit. Wir proben und üben wohl, aber das Üben ist zugleich auch schon die wirkliche Aufführung. Leben ist Improvisationstheater.

In Anspannung und Konzentration ist ein neuer, ungewohnter Zustand nicht dauerhaft haltbar. Der Rückfall in das alte Selbst kommt unweigerlich. Unter der Maske beginnt man zu schwitzen und muss sie irgendwann wieder ablegen. Es war dann eben bloß Schauspiel, ein netter Versuch, doch keine Verwandlung. Wenn das Neue zu einem Kern des Selbst wird, dann wird es leicht. Dann bin ich plötzlich so und spiele nichts vor.

Ein Meister der Verwandlung, der doch zugleich Dilettant bleibt, ist die Kunstfigur »Zelig« in Woody Allens gleichnamigem Film. Leonard Zelig ist unsicher im Umgang mit anderen Menschen und passt sich seiner Umgebung daher sorgfältig an. Er imitiert und wird zu einem wirklichen Abbild seines Umfeldes. Er wird Gangster unter Gangstern, Musiker unter Musikern, Nazi unter Nazis und schließlich gefeierter Held in Amerika. Zelig ist eine Persiflage und zeigt, was es mit Verwandlung auf sich hat. Zelig verstellt sich nie, er ist tatsächlich das, was er gerade darstellt. So gesehen ist er ein Verwandlungskünstler. Was er aber nicht ist - bei klarem Verstand! Sein Dilettantismus besteht im Fehlen des Bewusstseins, dass er das macht. Er ist voller Angst und kommt sich nie auf die Schliche. Er flüchtet vor dieser Angst durch perfektes Mimikry. Er ist der Musterknabe aller Mitläufer. Dass dieses menschliche Chamäleon zum Ende des Filmes als Held gefeiert wird, ist eine ironische Pointe und Abrechnung mit einem verlogenen Authentizitätsgehabe.[1] Wahre Verwandlungskunst ist ein bewusster Prozess.

RESÜMEE

► *Wir können jederzeit wählen.*

► *Leben ist keine Frage von Schicksal, sondern von Geschick.*

► *Wir verstellen uns manchmal, aber Verstellen ist keine Veränderung. Wer sich verstellt, hält das nicht lange durch. Veränderung ist kein Schauspiel, das wir für andere veranstalten.*

► *Veränderung, die bewusst und von innen heraus passiert, geht letztendlich leicht.*

Wir sind frei genug

Moment mal, werden einige nun rufen. Wir sind ja in unserem Wollen gar nicht frei. Es gibt keinen freien Willen, also scheitert die Verwandlungskunst von Haus aus.

Ja, das ist eine ewige philosophische Debatte, an der sich Philosophen, Kleriker und neuerdings auch Neurobiologen beteiligen. Platon war einer der frühen Verfechter der Freiheit des Willens. Philosophen wie Arthur Schopenhauer hielten dagegen. Die Freiheit sei eine Illusion, wir seien bloß biologische Überlebensmaschinen für »egoistische Gene«, so formulierte es später der Evolutionsbiologe Richard Dawkins. Die moderne Hirnforschung schließlich hält den Menschen ebenfalls für unfrei und weist nach, dass »Entscheidungen« vom limbischen System des Menschen Sekundenbruchteile früher getroffen werden, als die Synapsen im Hirn eigentlich schalten, und wir dadurch glauben, »nachgedacht« zu haben. In Wahrheit sind die Schaltungen im Hirn von einem Schaltmeister im Hintergrund veranlasst worden, der einem sozialen Drehbuch folgt. »Was ich für meinen Willen halte, meine Ideen und meinen Esprit, ist nichts anderes als der Reflex von Ideologien und kulturellen Mustern«, beschreibt es Richard David Precht.

Im Gegenzug gibt es heute Wissenschaftler wie den amerikanischen Biologen Bruce Lipton, die nachzuweisen versuchen, dass wir Menschen kraft unserer Überzeugungen die Entwicklung der Gene und der DNA bestimmen können. Die Gene verändern sich angeblich in jene Richtung, die der Geist vorgibt.

Um Orangen zu kaufen, brauchen wir keine Quantenphysik

So haben wir also starke Verfechter für die Freiheit und ebenso starke für die Unfreiheit des Willens. Doch ehrlich gesagt ist diese Diskussion sophistisch und hat mit dem Alltag wenig zu tun. Die Unfreiheit des Menschen wird nur gerne ins Treffen geführt, weil die Suche nach Entschuldigungen uns näher ist als die Suche nach Möglichkeiten. Das retrospektive »Ich konnte nicht anders« ist einfacher als das prospektive »Was könnte ich?«. Die Argumentation zugunsten der Unfreiheit schießt mit Kanonen auf Spatzen. Sie entspricht nicht der Lebenspragmatik.

Wir wissen, dass die Erde eine Kugel ist, und doch werden manche mathematischen Modelle in der Weltraumforschung so durchgeführt, als wäre die Erde flach. Weil die Berechnungen dann einfacher sind und es für manche Modelle völlig irrelevant ist, ob die Erde rund ist oder eine Scheibe. Desgleichen wissen wir heute aus der Kybernetik, dass jede Handlung unerwartete Effekte an unerwarteten Stellen bewirken und unvorhergesehene Rückkoppelungsschleifen erzeugen kann, und doch werden wir uns, wenn wir gerade ein Kilo Orangen kaufen, davon nicht irre machen lassen.

So dürfen wir auch die Thesen zugunsten der Unfreiheit beruhigt beiseite schieben, wenn es um Fragen von Ernährung, Partnerschaft und Lebensumbrüchen geht. Natürlich haben wir ein soziales Drehbuch, kulturelle Reflexe und Glaubensmuster. Doch sie bestimmen uns in unseren Lebensentscheidungen nicht wie ein Marionettenspieler seine Puppen, sondern eher wie eine Seekarte die Entscheidungen eines Kapitäns. Sie sagen, wo Untiefen und befahrbare Stellen sind und helfen uns bei der Navigation. Wie sehr wir uns nur auf die Karte verlassen und ob wir sie als alleinige Navigationshilfe betrachten, ist eine Frage der Ausbildung und Erfahrung. Je mehr Erfahrung wir als Kapitäne des Lebens haben, desto eher können wir die alten Karten infrage stellen und auf die Idee kommen, ihre Angaben einmal nachzuprüfen. Vielleicht finden wir günstigere Routen durch die Untiefen und bessere Handelsrouten für unsere Bedürfnisse.

Gegen das persönliche Glück haben die »egoistischen Gene« gewiss keine Einwände. Die wollen ja angeblich nur eines - Überleben und Fortpflanzung. Und das geschieht wahrlich am besten im Zustand von Glück und Zufriedenheit. Wir mögen nicht restlos frei sein, aber wir sind frei genug, um glücklich zu sein.

ÜBUNG

Nehmen Sie jetzt alte Tagebücher zur Hand. Lesen Sie, was Sie damals bewegt hat. Was denken Sie heute über die Probleme von damals? Würden Sie wieder so handeln? Würden Sie wieder so empfinden? Wie ginge es Ihnen heute mit so viel mehr an Erfahrung?

Sie haben keine Tagebücher? Dann besteht die Übung darin, eines zu beginnen. Sie müssen keine Essays verfassen. Schreiben Sie in Stichworten Ihre Erlebnisse und Empfindungen auf. Besonders die Empfindungen. Sie sind wichtig. Legen Sie sich Rechenschaft ab über das, was sie fühlen.

Das Wollen wollen – über das Selbstbewusstsein

Das Gefühl von Machtlosigkeit, das uns mitunter überkommen mag, hat nichts zu tun mit Fragen der Freiheit oder Unfreiheit unseres Willens, sondern ausschließlich mit unserem Selbstbewusstsein. Ein Selbst ist dazu da, verwirklicht und gefeiert zu werden, doch es wird uns in unserer Kultur kaum gestattet, dieses Fest zu feiern. Selbstbewusste werden mit der Egoismus-Keule geschlagen.

Dabei ermöglicht Ihnen nur ein gesundes Selbstbewusstsein, Ihr Potenzial zu entfalten. Der Glaube an sich selbst verleiht Ihnen die Kraft, Ihre Schmetterlingsflügel zu entfalten. Die Dinge, die Sie hervorbringen, müssen gewürdigt werden, damit sie gedeihen können. Sie müssen auf Ihre Ideen und Talente stolz sein und sie in die Welt hinausschreien wollen. Das Selbstvertrauen ist Ihr seelisches Immunsystem. Je besser die Konstitution Ihres Selbst ist, desto weniger können Ihnen Schmach, Scham und andere psychische Infekte etwas anhaben.

Lassen Sie sich also nicht beirren, wenn jemand meint, Sie hätten ganz schön viel Selbstvertrauen oder gar zu viel davon. Niemand kann zu viel Selbstvertrauen haben. Das wäre, als sagte jemand, Sie hätten zu viel Gesundheit. Der Vorwurf ist absurd. Selbstvertrauen ist wie Schwangerschaft – man hat es oder nicht. Es lässt sich darüber hinaus nicht wägen und quantifizieren.

Selbstbewusstsein und Selbstvertrauen sind menschliche Grundbedürfnisse, die nicht verhandelbar sind. Es ist das heilige Recht auf Asyl bei sich selbst und niemand darf Ihnen das nehmen. »Gehen wir dem Bedürfnis nach Selbstvertrauen nicht nach, so bleibt uns nur Fremdvertrauen«, mahnt der amerikanische Therapeut Nathaniel Branden, der sich wie kaum jemand mit dem Thema Selbstwert auseinandergesetzt hat, »wir bleiben uns selbst ein Rätsel und andere geben vor, es für uns lösen zu können.«

Selbst-Vertrauen statt Selbst-Losigkeit

Die Behauptung anderer, das Rätsel Ihres Lebens für Sie zu lösen, ist verführerisch, führt aber in Abhängigkeit. In meinem Buch »Warum es uns so schlecht geht, obwohl es uns so gut geht« erinnere ich daran, dass jede Lebensenergie eine wichtige Ressource ist und daher, wie um jede Ressource, ein Wettkampf um die Nutzung stattfindet. Ihr Leben, Ihre Empathie, Ihre Liebesfähigkeit, Ihre Intelligenz, Ihre Arbeitskraft - all das sind äußerst wertvolle Ressourcen und Sie können ganz gewiss sein, dass nichts davon verschleudert wird. Sie und alle Ihre Energien werden ganz gewiss genutzt. Die Frage ist nur - von wem? Von Ihnen selbst und für die Zwecke, die Ihnen heilig sind? Oder von anderen für deren Zwecke und Absichten? Ungenutzt bleiben Sie selbst, wertvolle Leserin und wertvoller Leser, gewiss nicht. Dazu sind Sie zu kostbar.

Geben Sie daher den Ermutigungen zur Passivität nicht nach. Sie können sich selbst jederzeit in den Mittelpunkt Ihrer ureigenen Interessen stellen. Diese ganze Aufopferung, die in unserer Kultur gefordert wird, entsteht nur aus einer immer größer werdenden Gemeinschaft von Menschen ohne Selbstwert. Jeder lässt sich für irgendetwas Sinnloses ausbeuten und muss daher, um halbwegs über die Runden zu kommen, jemand anderem wieder Energie absaugen, um irgendwie das Gefühl zu haben, geliebt zu werden. Das lässt sich dieser andere mehr oder weniger gefallen, weil auch er oder sie viel zu schwach ist, um Nein zu sagen. Wir sind im Wortsinn selbst-los, also ohne unser Selbst, weil wir es leider immer schon anderweitig vergeben haben. Die Verstrickung in ein Brauchen und Gebraucht-Werden gaukelt uns Liebe vor und wir ahnen doch, dass all das mit Liebe gar nichts zu tun hat, bloß mit Bedürftigkeit.

Bewusstsein heißt, sich seiner selbst bewusst zu sein, also wissen zu wollen, wer man ist. Ja, es ist eine Frage des eigenen Willens, denn für diese Kleinigkeit brauchen wir keine allmächtigen Götter und Gurus. Diese Frage beantworten wir selbst. Will ich mich selbst kennenlernen oder nicht? Will ich wach sein oder schlafen? Will ich den Verstand einsetzen oder nicht? Will ich fühlen oder nicht? All das hat nichts mit Intelligenz zu tun, sondern bloß mit einem Zustand der Wachheit. Es bedeutet: Handeln nach dem, was ich weiß und so wie ich es verstehe.

Selbstvertrauen ist nichts anderes als das Vertrauen darauf, denken und fühlen zu können, und das Vertrauen darauf, dass das, was ich denke und fühle, wirklich mein eigenes Denken und Fühlen ist. Ich fühle, wie ich fühle und lasse mir das nicht von einer äußeren Instanz ausreden. Ich vertraue mir selbst und den Reaktionen meines Körpers und meiner Seele. Ich vertraue darauf, den Anforderungen des Lebens gewachsen zu sein. Bewusstheit ist eine Frage des menschlichen Willens. Entweder ich will wollen oder nicht.

ÜBUNG

Nehmen Sie ein Blatt Papier und schreiben Sie folgenden Satzanfang auf: »Wenn ich meinem Leben ab sofort mehr Bewusstheit entgegenbrächte, würde ich …«. Dann stellen Sie einen Timer auf 90 Sekunden. Nicht mehr! Das reicht völlig. Und los geht's. Ergänzen Sie den Satzanfang mit allem, was Ihnen sofort in den Sinn kommt. Auch wenn es Ihnen unsinnig erscheint. Sie sollen nicht nachdenken, sondern aufschreiben. Das ist übrigens der Grund, warum das Ganze nur 90 Sekunden dauert. Ab dann beginnen Sie zu denken. Denken hilft nicht, wenn es um das Unterbewusste geht. Heben Sie den Zettel gut auf und wiederholen Sie die Übung ab sofort jeden Montagmorgen. Immer wieder, ein paar Wochen lang. Lesen Sie die Zettel, vergleichen Sie das Aufgeschriebene. Hat sich etwas verändert im Laufe der Zeit? Tauchen immer dieselben Dinge auf? Können Sie die scheinbar unsinnigen Texte deuten? Diese Mini-Übung ist ein wunderbares Training zur Erlangung von Bewusstsein.

Wandel ist unaufhaltsam

Das Schiff des Odysseus

Nachdem Odysseus wieder nach Ithaka gekommen war, wurde sein Schiff an Land gezogen und nie wieder verwendet. Langsam verfiel es im Sonnenlicht, doch zugleich war es eine Ikone und sollte erhalten werden. Die BewohnerInnen der Insel taten das Ihre, um das Schiff und damit die Geschichte zu bewahren. Es war den Leuten ein Anliegen und eine Ehre, das Schiff dort auszubessern, wo es morsch wurde. Hier wurde eine Planke am Rumpf erneuert, dort am Heck, und als das Steuerrad zusammenbrach, wurde es originalgetreu ersetzt. Schließlich fiel gar der Mast in einem heftigen Unwetter um. Auch er wurde durch einen neuen, massiven Holzstamm ersetzt, in Form und Größe dem ursprünglichen Mast ganz gleich, und schließlich war auch die Farbe nachgedunkelt, sodass sich auch darin kein Unterschied mehr fand. Die Leute von Ithaka gaben wahrlich ihr Bestes. Irgendwann war es so weit, dass auch der allerletzte Holzspan, der noch tatsächlich vom Schiff des Odysseus stammte, gegen ein Imitat ausgetauscht werden musste. Das Schiff des Odysseus lag immer noch am Strand, regungslos und scheinbar unverändert wie vor Hunderten von Jahren. Nicht ein einziger Teil stammte mehr vom ursprünglichen Schiff. War es noch das Schiff des Odysseus? Oder war es das nicht mehr? Was war es dann? Und spielte das eine Rolle?

Heraklits Fluss

Panta rhei. Alles fließt. Dieses kürzeste aller philosophischen Zitate stammt von Heraklit (535–475 v. u. Z.) und ist Allgemeingut. Man kann Heraklit zufolge nicht zweimal in denselben Fluss steigen. Es sieht wohl aus wie derselbe Fluss, die Umgebung ist dieselbe, das Ufer hat sich seit gestern auch nicht verändert, und doch - andere Wassertropfen, andere Luft, andere Konstellation der Algen und Tiere im Fluss. Jeder Moment ist einzigartig und unwiederbringlich. Kaum geschehen, schon vorbei. Das Leben definiert sich durch permanente Veränderung. Alles scheint gleich zu bleiben, doch das ist eben nur Schein.

Heraklit hatte die Idee der Veränderung entdeckt. Bis zu seiner Zeit wurde der Kosmos als stabiles Gebäude betrachtet, dem man auf die Schliche komme mit Fragen wie »Aus welchem Stoff ist die Welt gebaut?«, »Wie ist sie gebaut?«, »Wer hat sie gebaut?«. Heraklit wagte erstmals den Gedanken, dass es so ein stabiles Gebäude überhaupt nicht gibt. »Der Kosmos ist bestenfalls ein planlos aufgeschütteter Misthaufen«, meinte er kopfschüttelnd und erkannte, dass es keine Gesamtheit der Dinge, sondern vielmehr eine Gesamtheit der Ereignisse gebe. Der Kosmos definiere sich nicht über Materie, sondern über den unablässigen Fluss dessen, was in ihm geschehe. »Alles ist im Fluss und nichts ist in Ruhe.« Diese Erkenntnis des Heraklit war eine Revolution des Denkens. Die permanente Veränderung war zum Urprinzip des Lebens geworden. Die Idee einer vorhandenen Stabilität wurde verworfen.

Sie sind nicht der, der Sie waren

»Manchmal wünschte ich, alles bliebe so, wie es war«, hat mir ein verzweifelter Freund einmal gestanden. Daraus wird nichts. Jede einzelne Zelle unseres Körpers erneuert sich regelmäßig, sodass man nach rund sieben Jahren aus komplett anderen Zellen besteht als sieben Jahre zuvor. Unser Körper spielt bei dem Wunsch des Geistes nach Konservierung nicht mit. Desgleichen wandelt sich der Geist unaufhaltsam, er nimmt auf und lässt Überflüssiges weg. Wir wissen heute mehr als vor zehn Jahren, wir haben manche unserer Meinungen revidiert, Erfahrungen gesammelt, Fertigkeiten erworben. Jede Fertigkeit ändert die Schaltmuster im Hirn. Radfahren, Schach spielen, malen, alles, was wir wieder und wieder tun, formt Brücken zwischen unseren Synapsen. Es verändert unsere Wahrnehmung und unser Denken.

Auch merken wir, dass Gefühle lernfähig sind und sich durch Lebenserfahrungen verwandeln. Als Kind haben Sie sich vielleicht noch vor einem Monster im Schrank gefürchtet, heute erschreckt Sie nur noch die dort herrschende Unordnung. Sie haben als Kind über anderes gelacht und geweint als später in der Adoleszenz, und die Aufwallungen der Adoleszenz sind der Resilienz und Liebesfähigkeit eines erwachsenen Menschen gewichen. Sie sind nicht mehr der Mensch, der sie waren.

Auch wenn wir daher zu manchen Augenblicken sagen: »Verweile doch, du bist so schön«, so bleiben uns dazu nur die Kunst, die Fotoalben und die Erinnerung. Wir wandeln uns, ob wir es nun aktiv betreiben, erdulden oder ignorieren.

Wenn der Wandel Wesensmerkmal allen Lebens ist und wir den Wandel als Bedrohung erleben, so hieße das, dass wir das Leben selbst als Bedrohung erleben. Das geht nicht gut. Ich lade Sie deshalb dazu ein, sich mit der Vergänglichkeit anzufreunden und, mehr noch, sie anzustreben.

Schöpferische Zerstörung

Der österreichische Nationalökonom Joseph Schumpeter hat in seiner Theorie der wirtschaftlichen Entwicklung von der »schöpferischen Zerstörung« gesprochen. Er versteht die Ökonomie als Abfolge von Innovation, Imitation und Zerstörung. Jemand hat eine Idee, andere machen sie nach und dann kommt es notwendigerweise zu einer Neukombination des Vorhandenen. Alte Strukturen werden verdrängt und zerstört, um Platz zu machen für Neues. Solch eine Zerstörung ist weder ein Drama noch ein Systemfehler, sondern schlicht unerlässlich. Die Wechselwirkung von Destruktion und Konstruktion kannte auch Friedrich Nietzsche: »Wer ein Schöpfer sein muss im Guten und Bösen: wahrlich, der muss ein Vernichter erst sein und

Werte zerbrechen.« Der Bruch mit dem Alten, mit Traditionen, Gepflogenheiten und Werten ist nicht immer gemütlich, aber lebendig. Evolution besteht nicht aus der Erfüllung von Konventionen, sondern aus deren Überwindung. Das Wort »Transformation« besteht, so der Bewusstseinsforscher Rudolf Kapellner, aus einer »Form«, die hinübergeht (»trans« - über, hinüber, jenseits). Sie wird zerstört und nicht einfach nur umgestülpt wie ein Bettüberzug. »Da bliebe die Form vollständig erhalten, es schaut halt anders aus. Das hat aber mit Transformation nichts zu tun.« (Kapellner)

RESÜMEE

Alles verändert sich. Und es verändert sich ohne Unterlass. Angst vor dem Wandel heißt Angst vor dem Leben. Wandel muss aktiv angestrebt werden. Weiterentwicklung bedingt die Überwindung des Bisherigen, bis hin zur »Zerstörung der alten Form«.

Eintritt nur für Verrückte

Sehen wir uns kurz die Grundmuster der Veränderung an. Ich möchte dazu die Weltliteratur und die Natur zu Rate ziehen.

Die Lehre des Steppenwolfs

In Hermann Hesses »Steppenwolf« kommt der Protagonist Harry Haller an einem Haus vorbei, an dessen Tür steht »Eintritt nur für Verrückte«. Das gefällt ihm. Und er betritt einen Ort, der sich »das Magische Theater« nennt. In einem der vielen Räume trifft er auf einen Schachspieler, der gedankenverloren Figuren auf das Brett stellt und sie mit einem Handstreich wieder hinwegfegt. Ohne aufzusehen, heißt ihn der Schachspieler näherzukommen und sich hinzusetzen. Harry erkennt auf dem Brett Figuren seines eigenen Lebens. Er sieht, wie der Schachspieler sie anordnet, wegfegt und wieder völlig neu anordnet: »Das zweite Spiel war dem ersten verwandt. Es war dieselbe Welt, dasselbe Material, aber die Tonart war verändert, das Tempo gewechselt, die Motive anders betont, die Situationen anders gestellt.« Immer wieder baut der Schachspieler aus denselben Steinen völlig neue Welten. »Das ist Lebenskunst«, sagt der Schachspieler in Hesses Roman, »Sie selbst mögen künftig das Spiel Ihres Lebens beliebig weitergestalten und beleben, verwickeln und bereichern.«

Das ist die Lehre des Steppenwolfs: Wir haben einen Bausatz an Lebensbausteinen zur Verfügung und einen Teil davon in unsere Spielebox gelegt bekommen. Der Bausatz ist insgesamt zwar limitiert, aber unendlich variantenreich, wenn wir verstehen, dass er jederzeit neu zusammengesetzt werden kann. Niemand zwingt uns, eine einzige Eröffnung eines Schachspiels wieder und wieder zu spielen. Die moderne Schachtheorie kennt alleine zwanzig Standard-Eröffnungen, die weniger gespielten Varianten noch nicht berücksichtigt.

Die Lehre des Türhüters

Franz Kafka, ein Zeitgenosse von Hesse, hat in einer kurzen, eindringlichen Erzählung veranschaulicht, was uns daran hindert, die Lehre des Steppenwolfs zu befolgen. Er erzählt unter dem Titel »Vor dem Gesetz« die Geschichte eines Mannes, der das Gesetz schauen will. Welches Gesetz? Das Gesetz des Lebens, die Gerechtigkeit, die Wahrheit, das, worum es geht. Der Mann will es sehen. Aber da ist ein Türhüter, der sagt, dass er den Mann jetzt nicht einlassen könne. Später vielleicht? »Es ist möglich«, sagt der Türhüter, »jetzt aber nicht.« Da das Tor zum Gesetz offensteht und der Türhüter beiseitetritt, bückt sich der Mann, um durch das Tor in das Innere zu schauen. Als der Türhüter das merkt, lacht er und sagt: »Wenn es dich so lockt, versuche es doch, trotz meines Verbotes hineinzugehn. Merke aber: Ich bin mächtig. Und ich bin nur der unterste Türhüter. Von Saal zu Saal stehn aber Türhüter, einer mächtiger als der andere. Schon den Anblick des dritten kann nicht einmal ich mehr ertragen.«

Der Mann entschließt sich daher zu warten. Er wartet und wartet und der Türhüter sagt ihm stets, dass er ihn jetzt noch nicht einlassen könne. Der Mann besticht den Türhüter. Dieser nimmt alles lachend an und sagt, er nehme es bloß, damit der Mann nicht glaube, etwas versäumt zu haben. So vergeht die Zeit, so vergeht das Leben. Der Mann, der die Wahrheit schauen will, wird alt, gebrechlich und moribund. In einer letzten Aufwallung von Lebendigkeit wendet er sich an den Türhüter und sagt: »Alle streben doch nach dem Gesetz, wieso kommt es, dass in den vielen Jahren niemand außer mir Einlass verlangt hat?« Der Türhüter erkennt, dass der Mann schon an seinem Ende ist, und um sein vergehendes Gehör noch zu erreichen, brüllt er ihn an: »Hier konnte niemand sonst Einlass erhalten, denn dieser Eingang war nur für dich bestimmt. Ich gehe jetzt und schließe ihn.«

Das ist die Lehre des Türhüters: Die Tore der Erkenntnis werden bewacht (und wir werden später noch sehen, von wem genau). Sie werden bewacht von Türhütern, die uns ganz schön Angst machen durch ihre Erscheinung und die Drohung, dass da weiter hinten noch andere, schlimmere Gestalten lauern. Aber auch das sagt der Türhüter: »Dieses Tor ist nur für dich da. Es ist immer offen. Versuche es doch.«

Eintritt gibt es eben nur für Ver-rückte, also Menschen, die bereit sind, etwas im Leben zu verrücken.

Die Lehre des Schmetterlings

Die Amerikanerin Norie Huddle hat in ihrem Buch »Butterfly - A tiny Tale of Great Transformation« erläutert, was passiert, wenn sich eine Raupe in einen Schmetterling verwandelt. Sobald sie sich in den Kokon einspinnt, entstehen in ihrem Körper neue Zellen, die von der Wissenschaft Imago-Zellen genannt werden. Sie sind so andersartig, dass das Immunsystem der Raupe sie für Fremdkörper hält und vernichtet. Da hat die Raupe auch recht, denn diese Zellen haben mit der Raupe nichts zu tun. Es sind nicht Raupen-Zellen, sondern Schmetterlings-Zellen.

Die Imago-Zellen tauchen wieder und wieder auf, der Raupenkörper produziert unentwegt jene Zellen, die er dann bekämpft. Die Imago-Zellen sind die höher entwickelte Fortsetzung der Raupenexistenz, das bestehende System »Raupe« fördert somit die Transformation und bekämpft sie zugleich. Die Raupe will zum Schmetterling werden und bekämpft diese Veränderung zugleich. Es ist Streben und Widerstreben in einem.

Das Wachstum neuer Zellen passiert bald schneller, als das Immunsystem des alten Systems reagieren kann. Die kleinen und bis dahin ziemlich einsamen Imago-Zellen beginnen, sich zu verklumpen, und die Klumpen beginnen Gruppen zu bilden! Sie ergeben einen langen Faden von in Haufen verklumpten Imago-Zellen, die nun in größerem Maßstab innerhalb der verpuppten Larve untereinander Informationen austauschen.

Dann, an einem bestimmten Punkt, scheint dieser lange Faden von Imago-Zellen plötzlich zu begreifen, dass er »etwas« ist. Etwas anderes als die Raupe. Etwas Neues! Und mit der »Erkenntnis« einer eigenen Identität beginnt er, den alten Raupenkörper von innen zu verwandeln. Diese Erkenntnis ist die eigentliche Geburt des Schmetterlings. Jetzt kann jede Schmetterlingszelle ihre eigene Aufgabe übernehmen. Für jede der neuen Zellen ist etwas zu tun, alle sind wichtig. Und alle anderen Zellen unterstützen sie darin, genau das zu tun. Die Raupe hat sich in einen Schmetterling verwandelt.[2]

Das ist die Lehre des Schmetterlings: Genau so können auch wir uns verpuppen, um unsere Verwandlung einzuleiten. Wir wollen unsere Raupenexistenz aufgeben. Und doch wollen wir auch nicht. Wir streben in das Neue und bekämpfen es in uns selbst. Der Schmetterling in uns ist angelegt und bahnt sich seinen Weg.

Tatsächlich scheint auch die soziale Entwicklung der Menschen diesem Prinzip zu folgen, wie die Geschichte lehrt - etwa jene von der Demokratie im antiken Athen. Ein neuer Gedanke war rund 500 v. u. Z. hochgekommen, eine faszinierende »Imago-Zelle« namens Freiheit, Individualität, Menschlichkeit - Demokratie eben.

Die Oligarchen und konservativen Adeligen der damaligen Zeit übernahmen die Rolle der »alten Zellen«. Sie verrieten ihre Heimat Athen sogar an das feindliche Sparta, um die »Imago-Zellen« der Demokratie und der zunehmenden Weltoffenheit in Athen zu bekämpfen. Und tatsächlich unterlag der Stadtstaat im Jahr 404 v. u. Z. in den Peloponnesischen Kriegen. Die Demokratie schien besiegt. Es kam eine kurze Phase der Zerstörung und des Mordens, doch die von Sparta eingesetzten Herrscher erwiesen sich als unfähig, konnten revolutionäre Bewegungen, die überall hochkamen, nicht unterdrücken, sodass Sparta schließlich, mitten im längst errungenen Sieg, einen Friedensvertrag mit den athenischen Demokraten schloss. Unter den schwersten Schicksalsschlägen hatte das völlig neue System der Demokratie überlebt. Aus der Niederlage war ein verblüffender Sieg geworden. Aus dem Chaos des Niedergangs war das Neue umso mächtiger erwachsen.

Genau so habe ich oft die Verwandlung von Menschen erlebt. Sie streben in das Neue, bekämpfen sich selbst, verzweifeln – und plötzlich, oft am tiefsten Punkt der Verzweiflung, mitten in Resignation und Selbstaufgabe, wird es leicht und schmetterlingshaft.

RESÜMEE

▶ *Die Anzahl der Bausteine des Lebens ist limitiert, doch wir können sie in schier unendlichen Varianten neu zusammensetzen.*

▶ *An den Übergängen lauern Türhüter, die uns Angst machen, sobald wir Veränderung versuchen.*

▶ *Die Anwesenheit des Türhüters zeigt aber zugleich an, dass wir das Tor durchschreiten können, mehr noch: dass das Tor exklusiv für jeden einzelnen von uns da ist*

▶ *Das völlig Andere, Neue, Unvorstellbare ist in uns angelegt, wie der Schmetterling in der Raupe.*

ÜBUNG

Wir hetzen im Alltag meist durch alle Übergänge und Türen, sodass der natürliche Rhythmus eines Tages und der Wechsel der Wochen und der Jahre in unserer Wahrnehmung verschwimmen. Üben Sie daher das Durch-eine-Tür-Gehen! Wenn Sie am Morgen aufstehen und das Schlafzimmer verlassen wollen, halten Sie kurz an der Tür inne. Begrüßen Sie den neuen Tag, wünschen Sie sich etwas Schönes. Dann machen Sie einen bewussten Schritt durch die Tür. Betreten Sie den neuen Tag wie ein(e) König(in) den Festsaal. Abends kehren Sie mit einem »Danke« und einen bewussten Schritt durch die Schlafzimmertür in Ihre Kemenate zurück.

Die drei Schritte der Demut

Ein kleines Kind sagte einmal trotzig: »Ich kann eh schon die Großbuchstaben, warum soll ich jetzt noch die Kleinbuchstaben üben?« Bei Kindern ist diese Haltung possierlich, bei Erwachsenen spricht man dann von Megalomanie. Die Annahme eines erwachsenen Menschen, er habe nun die perfekte Endausbaustufe seines Selbst erreicht, kann auf Dauer meist nur unter Einnahme von Suchtmitteln und durch Aggression (nach innen oder außen) aufrechterhalten bleiben.

Gehen wir einmal davon aus, dass wir auch als Erwachsene immer noch die Kleinbuchstaben des Lebens üben dürfen bzw. sollten, auch wenn das zunächst demütigend statt demütig wirkt.

Die drei Kränkungen und die Lehre, die wir daraus ziehen dürfen

Man spricht generell von drei großen Demütigungen oder Kränkungen, die die Menschheit erlitten habe. Die erste sei durch Kopernikus zugefügt worden, als er zeigte, dass die Erde nicht der Mittelpunkt unseres Sonnensystems ist und sich nicht alles um uns Menschen dreht. Die zweite Blessur erlitt unser kollektives Ego durch Lamarck und Charles Darwin, die auf das Prinzip der Evolution hinwiesen und damit zeigten, dass der Mensch vom Affen abstammt und nicht in der gegenwärtigen physiologischen Ausstattung durch einen Gottesakt in die Welt gebracht worden ist. Und schließlich zeigte Sigmund Freud, dass wir ein Unterbewusstsein haben, das uns kaum zugänglich, aber dafür höchst wirksam ist. Wir sind also nicht einmal Herr und Herrin im eigenen Haus des Lebens. Das wird uns noch beschäftigen.

Ich möchte den kopernikanischen Blickwinkel noch erweitern. Wenn man von außen auf unser Sonnensystem blickt, erkennt man die wahren Dimensionen. Nicht nur dreht sich die Erde um die Sonne, sondern unser Sonnensystem ist auch noch auf einem unbedeutenden Ausläufer der Milchstraße angesiedelt und es ist weit und breit keine Nachbargalaxie zu sehen. »Wir sind Nomaden am Rande des Universums«, wie der große Biochemiker Jacques Monod anmerkte. Im großen Gefüge des Universums sind wir von einer sagenhaften Bedeutungslosigkeit und der Schritt zur Heilwerdung des Menschen besteht darin, das bedingungslos anzunehmen.

Solange wir uns gedemütigt fühlen, gibt es keine Demut. Genau diesen Wandel braucht es aber. Wer Demut empfinden kann, kann auch lernen. Der ewig Beleidigte hingegen wartet bloß auf Genugtuung und schafft sich Instanzen, die ihm recht geben.

Sokrates' Torte

Der gute alte Sokrates (469–399 v. u. Z.) war bekannt dafür, seine Mitbürger mit bohrenden Fragen ziemlich zu nerven. Dabei war er keineswegs der Annahme, selbst unglaublich klug und weise zu sein. Er sah sich eher wie ein Einäugiger, der entdeckt, dass um ihn Blinde sind. Er wisse wenigstens, dass er nichts wisse. Die anderen aber meinten, unendlich viel zu wissen. Das befremdete ihn. Solche Leute befragte er besonders gerne. Er liebte es, eine »Stechmücke« (Eigendefinition) zu sein und die Denkschablonen seiner Mitbürger zu zerbrechen.

Vielleicht sollten wir die Demut vor all dem, was wir nicht wissen, als sokratisches Erbe in uns anerkennen. Zeichnen wir einfach einen Kreis auf ein Blatt Papier und darin ein kleines Torteneck. Und daneben ein etwas größeres. Das kleinere Torteneck beschriften wir mit »Was ich weiß«. Das größere Torteneck mit »Alles, wovon ich weiß, dass man es wissen kann«. Ich denke, die Beschriftungen sprechen für sich selbst. Jeder weiß nur einen klitzekleinen Bruchteil von all dem, was überhaupt an Wissen zur Verfügung steht. Hinzu kommen jene Bereiche, von denen wir wissen, dass es sie gibt, über die wir aber sonst nichts wissen: Quantenmechanik, Atomphysik, Friedhofsgärtnerei. Auch wenn man in einem der Fachgebiete arbeitet, so bleiben doch wieder viele andere Bereiche so fremd wie ferne Länder, die man gerade noch verorten kann, aber niemals bereisen wird. Aber immerhin: Wir wissen, dass es sie gibt.

Spannend ist nun der ziemlich große Rest des Kreises. Was ist denn das nun? Ganz einfach: Das ist all das, wovon ich nicht einmal weiß, dass man es wissen kann. Terra incognita. Der weitgehend größte Teil allen Wissens, das überhaupt auf der Erde vorhanden ist, ist dergestalt, dass ich nicht einmal weiß, dass es überhaupt existiert! Wir sind zutiefst spezialisiert und gleichzeitig kollektiv Ahnungslose.

Der größte Erkenntnisschub entsteht, wenn von dem Bereich, von dem ich nicht einmal gewusst habe, dass er existiert, etwas übergeführt wird in den Bereich »Ich weiß, dass es ihn gibt«. Es ist wie ein göttlicher Funke, der über uns kommt. Synapsen nehmen Verbindung auf. Der Horizont wird weiter, dunkle Flecken auf der Landkarte bekommen Kontur. Um überhaupt weiterzukommen, brauchen wir die Erkenntnis, noch nicht angekommen zu sein.

Wilbers Regenbogen

»Unsere Umwelt ist gesättigt von Strahlungen verschiedenster Art: Neben sichtbarem Licht in seinen verschiedenen Farben gibt es noch Röntgenstrahlen, Gammastrahlen, Infrarotwärme, Ultraviolettlicht, Radiowellen und kosmische Strahlen. [...] Alle diese Strahlungen unterscheiden sich beträchtlich voneinander. Gammastrahlen haben eine sehr kurze Wellenlänge, so dass sie sehr energiereich sind und organisches Gewebe durchdringen, ja sogar zerstören können. Die Wellenlänge der kosmischen Strahlung kann man nur in Billionstel Millimetern angeben, während manche Radiowellen kilometerlang sind. Gewiss kann man den Eindruck bekommen, dass es sich um grundverschiedene Phänomene handelt. Dennoch werden alle diese Strahlen heute als Erscheinungsformen ein und desselben Phänomens aufgefasst, nämlich der elektromagnetischen Schwingung.«

Worauf will der amerikanische Philosoph Ken Wilber, der das geschrieben hat, hinaus? Er will uns zu verstehen geben, dass Dinge, die man einst für ganz verschieden hielt, heute als Variationen eines einzigen Grundphänomens betrachtet werden. »Die frühen Wissenschaftler schalteten sich mit ihren grundverschiedenen Gerätschaften nur in verschiedene Frequenzen des Schwingungsspektrums ein, ohne zu bemerken, dass sie eigentlich alle dasselbe Grundphänomen erforschten.«

Genau das passiert, wenn wir aus den Ecken heraus, in die wir uns und unser Denken gestellt haben, diskutieren. Aus dem Diskurs wird ganz schnell ein Streit mit wechselseitigen Vorwürfen von Ignoranz, Idiotie und Unfähigkeit, die Wahrheit zu sehen. Dabei sind unser Denken und die daraus resultierenden Sprachen oft nur unterschiedliche Gerätschaften, mit denen wir ein und dasselbe Grundphänomen erforschen.

Wilber spricht daher von einem »Spektrum des Bewusstseins«. Unser Bewusstsein, unsere Wirklichkeit, unser Wissen – all das hat ein Spektrum wie ein Regenbogen, der in seinen wunderbaren Spektralfarben am Himmel erscheint. Wenn ich nun mit einer Brille, die nur Blautöne durchlässt, auf den Regenbogen schaue, und jemandem mit einer roten Brille das Phänomen erklären möchte, können wir wunderbar über die Wirklichkeit streiten. Oder wir akzeptieren, dass wir mit unseren Brillen eben nur eine Variante eines breiten Spektrums erkennen. »Die östliche Philosophie zeiht das westliche Denken des wissenschaftlichen Materialismus, der Westen hält das östliche Denken für regressiv und primitiv«, amüsiert sich Wilber. Das sind alles Argumente aus den eigenen Ecken heraus. Zuerst stellen wir uns freiwillig in ein Eck, damit wir einen für uns erfassbaren Ausschnitt der Welt sehen können, und halten dann dieses

Eck für den großen Horizont. Das Bild des Regenbogens könnte uns zu mehr Demut und Diskurs verhelfen. »Das Gegenteil einer richtigen Behauptung ist eine falsche Behauptung«, wie der dänische Physiker Niels Bohr anmerkt, »aber das Gegenteil einer tiefen Wahrheit kann wieder eine tiefe Wahrheit sein.« Bohr unterscheidet also zwischen solchen Behauptungen, die wir in »richtig« und »falsch« unterscheiden können, und anderen, welche tiefe Wahrheiten ausdrücken. Da gibt es aber oft kein »richtig« oder »falsch«, sondern eher ein Sowohl-als-Auch.

Die tiefe Wahrheit der Wissenschaft findet so ihr Gegenteil in der tiefen Wahrheit einer spirituellen Überzeugung. Und die Spiritualität findet ihr befreundetes Gegenteil in der Wissenschaft, die auf einer anderen Ebene des Spektrums mit ihren Instrumenten misst. Wir alle sehen denselben Regenbogen, erkennen aber nicht alle seine Farben und sehen niemals, wo er beginnt und wo er endet.

Wenn ich akzeptieren kann, dass die Brille, mit der ich den Regenbogen betrachte, nur eine von vielen möglichen Brillen ist, ich also bereit bin zuzugestehen, dass meine jetzige Art, die Wirklichkeit zu sehen, nur eine von mehreren Möglichkeiten ist, dann habe ich mich für Veränderung geöffnet. Die Einsicht, »ja, es könnte auch anders sein«, öffnet den Weg in dieses Anderssein.

Dürrs Wellen

Hans-Peter Dürr war Quantenphysiker. Er hatte diesen Beruf als junger Mensch gewählt, weil er wissen wollte, wie Materie im Innersten beschaffen ist und was diese Welt zusammenhält. Er hat also, einer eigenen scherzhaften Aussage zufolge, ein Beil genommen und einen Tisch entzweigehauen. Und dann hat er die Hälften noch einmal entzweigehauen. Und noch einmal. Wenn man das sehr oft macht, ist man Quantenphysiker. In der Quantenphysik geht es darum, die Materie von ihrer erkennbaren Form zu lösen. Der Tisch muss seine Tischheit verlieren, damit man sehen kann, was ganz innen ist. Irgendwann war man bei diesem Vorgang beim Atom angekommen, einer Materie ohne Form (nicht Tisch, nicht Arm, nicht Blatt). Aber auch das Atom konnte man dann bekanntlich noch auseinanderschlagen.

Was dann passierte, ist interessant. Man filetierte auch noch das Atom und konnte Schwingungen, Wellen oder Magnetismus messen – und schloss daraus, dass da sehr kleine Teilchen sein müssten, welche diese Phänomene verursachten. Immerhin lernt man das ja so im Physikunterricht. Materie erzeugt Schwingung. Hat man Schwingung, muss irgendwo Materie sein. Hans-Peter Dürr sah ein wenig genauer hin und er sah es anders.

Er sah, dass da eben keine Materie war, nichts, worauf sich diese Schwingungen beziehen. Da ist kein »Ding« mehr, das sich zeigt, kein Körper. Alles, was sich zeigt, ist das, was man an Reaktionen zwischen Dingen oder Körpern kennt.

Woher kommen also die Wellen? Dürrs Antwort lautet: Die Frage ist offenbar falsch. Wir finden keine Ursache, weil es keine gibt. Wir haben ein Konzept von Ursache und Wirkung, das im Mikrokosmos nicht mehr greift.

Dürr meinte daher, dass die kleinste bekannte Einheit nicht ein Atom oder ein Quark wäre, sondern ein wirks. Mit dieser Wortschöpfung meinte Dürr eine »Wirkungseinheit«. In unserer heutigen Welt haben wir mit diesem wirks zu leben gelernt. Wir erleben alle Beziehung ohne Materie, etwa wenn wir mit unseren Mobiltelefonen hantieren. »Ich habe da so eine Antenne dran, und irgendwie kitzelt diese Antenne da so ein Feld im Hintergrund, und das gibt dann eine Welle und die kann mein Freund in Paris empfangen und das ist das Gespräch«, scherzte Dürr und zeigte, dass so ein Gespräch weitgehend ohne Materie vor sich geht. Die Mobiltelefone und die Sendemasten alleine erklären das Phänomen Mobiltelefonie nicht. Das Wesentliche daran ist immateriell.

Tore der Veränderung

Erwin Wickert hat 1954 ein Hörspiel mit dem Titel »Der Klassenaufsatz« geschrieben, in dem Schüler und Schülerinnen der Oberprima einen Aufsatz zu dem Thema »Wie ich mir mein Leben vorstelle« verfassen und dann ihr tatsächliches späteres Leben erzählt wird. Besonders berührend ist die Geschichte von Müller-Detmold. Sein Aufsatz trägt den Titel »Müller-Detmolds 50-Jahres-Plan«. Der Titel führt zum ersten Anflug von Heiterkeit in der Klasse. Der Schüler liest vor: »Ich werde Jurisprudenz studieren, und zwar die ersten beiden Semester in Kiel, dann zwei Semester in Heidelberg und die letzten vier Semester in Berlin. Im achten Semester werde ich das Referendarexamen bestehen. [...] Die Ernennung zum Regierungsrat wird nach meiner Berechnung 1936 erfolgen. Ein Jahr danach heirate ich. Kinder erwarten wir 1939 und 1940.« Zunehmende Heiterkeit in der Klasse. In dieser Tonart geht es weiter. »Mit 65 Jahren lasse ich mich pensionieren, ziehe in eine mitteldeutsche Stadt und werde in Muße malen.«

Der Schüler ist akkurat in der Planung und das Erstaunliche ist, dass alles auch ganz genau so eintrifft. Auf die Stunde genau. Studium, Hochzeit, Regierungsrat und Malen in Muße. »Nur ein einziges Mal wich Müller-Detmold von seinem Lebensplan ab«, sinniert der Erzähler. »Er gab plötzlich seinen 50-Jahres-Plan, dessen Soll er bis dahin regelmäßig erfüllt hatte, ohne entschuldigende Erklärung auf. Als seine Frau eines Tages von einem Wochenendausflug nach Hause kam und die Tür öffnete, fand sie ihn im Flur. Er hatte sich erhängt. Und niemand erfuhr, warum.«

Dabei lässt es Wickert bewenden. Die Antwort versteht sich von selbst. Wir ertragen das Vorhersehbare nicht. Das Gleichförmige erstickt die Kreativität. Das hätte Müller-Detmold nicht ertragen: auch die Stunde seines Todes in absoluter Vorherseh-barkeit zu erleben. Die letzte Chance, sich als lebendiges und schöpferisches Individuum zu behaupten, lag in der Wahl des eigenen Todeszeitpunktes.

Leben nach Plan bringt nur Langeweile

Wenn wir immer wissen, was gleich passieren wird, haben wir wohl Sicherheit, doch nur in Begleitung der Langeweile. Kinder brauchen noch ein sehr hohes Maß an Vorhersehbarkeit. Sie können sich ein und dieselbe Geschichte tausendmal erzählen lassen und den einen Märchenfilm wieder und wieder sehen. Es befällt sie Gruseln an immer derselben Stelle, das dadurch erträglich wird, dass ebenso gewiss gleich die Erlösung kommt. Kinder haben eine helle Freude an Klarheit und Struktur, weil sich darin ihre kleine Rebellion entzünden und wachsen kann. Aus dem Fünkchen wird ein Feuer, die Freiheit und Freude am Neuen wächst und der Bedarf an Struktur und Rahmen wird kleiner. Der gereifte Erwachsene braucht deutlich weniger davon. Was dem Kind Sicherheit gibt, betäubt den Erwachsenen, wobei natürlich das Bedürfnis nach schöpferischem Chaos individuell unterschiedlich ist. Doch überhaupt nichts davon zu haben, wie im Fall der literarischen Gestalt von Müller-Detmold, ist unerträglich.

Dennoch kenne ich leibhaftige Menschen, die so ähnlich leben. Sie ignorieren die Tore entlang des Lebensweges, jene Tore, die uns locken und die einen Spalt weit offen stehen. Jene Tore, auf denen meist »Eintritt verboten« steht - und wir ahnen doch, dass es genau darum geht: einzutreten, den Kopf hineinzustrecken, die verbotene Luft zu atmen und einfach zu schauen, was denn da verboten sein soll und warum überhaupt.

Bei der Premiere meines Eros-Theaterstücks[3] in einem Restaurant habe ich an der Eingangstür ein Schild anbringen lassen mit der Aufschrift »Eros - Eintritt verboten«. Die Tür war natürlich offen und von drinnen leuchteten verlockend Lichter. Es war interessant zu sehen, wie manche Gäste das Schild musterten und dann eintraten, andere wieder verlegen zurückwichen und warteten. Einige erlöste ich, indem ich hinausging und sie hereinbat. Warum denn das Schild da sei, fragte ein Mann. Weil es um Liebe, Sex und Seitensprung geht, erklärte ich, und Letzeres ist ja bekanntlich verboten. Aber er könne ruhig hereinkommen. Andere seien schon drin. Da lachte er.

Für jeden gibt es Tore der Veränderung

Die Tore entlang des Lebensweges haben etwas Magisches. Sie locken und wir wissen: Wenn wir durch dieses Tor oder durch jenes hindurchgehen, dann verändert sich etwas, vielleicht nur ein wenig, oder doch alles?! Durch ein Tor zu gehen hat etwas Absolutes und Unumkehrbares. Manchmal werden wir durch Tore geworfen, manchmal gehen wir unbedacht hindurch und wissen gar nicht, was wir da getan haben. Manchmal tun wir es auch bei vollem Bewusstsein und in voller Absicht. Das sind die großen Momente des Lebens. Der Wille zum Selbst ist dann in seiner größten Präsenz wirksam. Ich bin so sehr Ich, wie ich nur Ich sein kann, wenn ich mich im Wachzustand entscheide, durch ein Tor der Veränderung zu gehen.

Die Tore der Veränderung! Es gibt sie zuhauf entlang des Lebensweges. Wir mögen an ihnen manchmal achtlos, manchmal auch mit Interesse und Neugierde vorbeigehen. Oft lassen wir sie unbeachtet, manchmal reizen sie uns und ziehen uns an. Sie sind da. Immer und gewiss. Wir schielen auf sie, kokettieren mit ihnen und ängstigen uns vor ihnen. Wir spüren - es geht um etwas, wenn man da durchgeht.

Am Eingang zu jedem Tor begegnet der, der ich bin, demjenigen, der ich sein kann. Das ist eine durchaus erstaunliche und kraftvolle Begegnung und es stellt sich die Frage, was ich damit mache. Schüttle ich meiner Potenzialität die Hand und nehme sie an in aller Unwägbarkeit? Oder winke ich mal kurz und freundlich und lasse mein potenzielles Ich dann links liegen?

Auch das ist in Ordnung. Niemand zwingt mich, durch ein Tor zu gehen. Im Gegenteil. Die Gemeinschaft um uns herum hat gewiss kein ureigenes Interesse an individueller Verwandlung. Alle wollen, dass alles bleibt, wie es ist. Wir haben einen kollektiven Beharrungsdrang. Niemand sagt: »Ja, geh durch das Tor. Werde anders, auch wenn es damit verbunden ist, dass du dich veränderst und wir uns nicht mehr verstehen, uns weniger oder vielleicht auch nie mehr sehen.« Der Lebenspartner, die Freunde, die Familie – wer soll das wollen? Niemand! Von außen gibt es keine Unterstützung. Persönliche Veränderung ist eben »persönlich«, gewissermaßen ein einsamer Vorgang. Beharrung hingegen kann auch kollektiv erlebt werden.

Die Tore der Veränderung haben Namen und manche von ihnen kann ich benennen, weil sie mächtig sind. Andere wieder haben nur individuelle Kraft oder kommen so verblüffend plötzlich wie Erleuchtungsmomente in buddhistischen Klöstern oder unter der Dusche. Vielleicht haben Sie durch Fliegenfischen Ihr Leben verändert und sind so Ihrem Höheren Selbst nähergekommen. Dann war es ein Tor der Veränderung. Für viele andere Menschen ist das langweilig und irrelevant.

Ich darf Ihnen in aller Kürze ein paar Tore vorstellen und zugleich auch die Türhüter, die davor lauern und uns abhalten, hindurchzugehen.

Das Tor der Stille

In die Stille gehen heißt, sich Einflüssen zu entziehen. Nicht nur dem Stakkato sensorischer Impulse des Alltags, sondern ganz real auch dem Einfluss von Menschen und Situationen. Ich empfehle Menschen, die eine Fastenwoche machen oder eine andere Form der Auszeit wählen, sie alleine zu machen, also selbst geliebte Menschen wie Liebespartner, Geschwister und Freunde zuhause zu lassen. Stille ist kein Gruppenerlebnis. Mit Rilke sage ich Ihnen: »Sie dürfen sich nicht beirren lassen in Ihrer Einsamkeit. [...] Lieben heißt alleine sein.« Wir finden zu uns über die Stille. Alle spirituellen Lehren sind sich darin einig. Die Dinge, mit denen wir den leeren Raum füllen, lenken uns ab und geben etwas vor. Der leere Raum selbst ist es, der offen ist für alles. »Nichts kann ohne Einsamkeit entstehen«, wusste Picasso, wobei »Stille« und »Einsamkeit« Synonyme sind, wenn man zulässt, dass sie sich wechselseitig bedingen. Stille braucht Einsamkeit und Einsamkeit braucht Stille. Wer alleine zuhause ist und den Fernsehapparat einschaltet und zugleich ein Videospiel spielt, ist eben bloß das: alleine zuhause, aber sicher nicht in Stille und Einsamkeit.

Die Stille ist die große Verwandlungskünstlerin, weil sich in ihr - durch das Fernbleiben von allem - die Wahrnehmung schärft, die sensorische ebenso wie die geistige. Sie ist der große Möglichkeitsraum.

Die Türhüter sorgen natürlich eifrig dafür, dass es keine Stille im Leben gibt. Sie veranlassen uns zu laufen und zu schreien, wogegen an sich nichts einzuwenden ist, bloß dass das Laufen und Schreien kein Ende mehr hat. »Sieh dich vor«, sagt der Türhüter, »wenn du stillstehst, ist es aus.« Genau das wäre aber der Sinn der Stille, es soll endlich auch einmal aus sein, damit Neues entstehen kann. Doch wir empfangen die Ankündigung als Drohung. »Sieh dich vor!«, sagen die Türhüter, »wenn du dich Einflüssen entziehst, wenn du nicht mehr nach der Pfeife dieser und jener Person tanzt, dann wirst du womöglich nicht mehr geliebt.« Das schreckt uns. Und wir laufen weiter und schneller.

Das Tor der Kunst

Das Tor der Kunst eröffnet den seelenweitenden Raum des Schöpferischen. Wer sich im Grübeln über den besten Reim oder die Wahl der Farbe für den nächsten Pinselstrich verliert, weiß sich in einer Welt jenseits von Zeit und Raum. »Jeder wird ein Dichter, wenn Eros in berührt«, begeisterte sich Platon. Die Berührung des Eros führt in jenen Zustand des Flow, wo Schöpfer und Werk ineinander verschmelzen und einander wechselseitig

erschaffen. Wer sich dorthin begibt, ist jenseits der Sicherheits-
grenze. Kreativität gibt es stets nur im Raum der Unsicherheit,
dort, wo man nicht weiter weiß. Im freien Schwingen von Material und Inspiration spürt der Mensch seine Schöpfungskraft.
Das macht Kunstschaffende unberechenbar. Sie spüren die Freiheit und erleben, wie sie unter ihren Händen entsteht.

Darum meint der Türhüter, dass man für Kunst Begabung
brauche und dass diese Begabung wohl andere hätten, aber Sie
leider nicht, zumindest nicht in ausreichendem Maß. Besser
Sie lassen es und werden statt Maler Anstreicher. Und wenn Sie
schon durchgeschlüpft und künstlerisch tätig sein sollten, dann
wird der Türhüter Sie an das Materielle erinnern und versuchen,
die Begabung in Kommerz zu ersticken. Das Geliebte wird zum
Beliebigen. Der Türhüter mahnt: »Wenn du schon malst, dann
sei dekorativ! Egal, was du künstlerisch tust, denk immer daran,
dass es ›etwas bringen‹ muss.«

Das Tor der Philosophie

Philosophie ist ihrem Wort nach die Liebe (philia) zur Wahrheit und Weisheit (sophia), sie erforscht das Leben ohne blinden
Glauben und ohne Versuchsanordnungen. Das machte sie stets
suspekt, sowohl für die Religion als auch für die Wissenschaft.
Den Religionen ist sie stets zu rational und den Wissenschaften
zu beliebig. Genau darum habe ich sie immer sehr geschätzt. Sie
füllt den Raum zwischen dem, was bewiesen, und dem, was nur
geglaubt werden kann, und versucht, den Hohlraum dort zu füllen, wo es notwendig ist, und Steine aus den festen Mauern zu
brechen, wo es ihr notwendig scheint. »Der Philosoph hat die
Pflicht zum Misstrauen«, hat Nietzsche formuliert und in seinen
Schriften gleich den Nachweis geliefert, wie das geht. Philosophie hat den Anspruch, radikal zu denken. Wenn man nicht radikal denkt, wozu dann überhaupt? Das zaghafte Denken ist das
konforme Denken. Es schmiegt sich an die gängige Formenspra-
che der Meinungen an und denkt nicht nach, sondern hinterher.

Wenn ein großer, neuer Gedanke gelingt, ist das eine Befreiung. Ein Akt der Erleuchtung, der eine Seite der Wahrheit anstrahlt, die bislang im kompletten Dunkel lag. Der Geist, angeleitet von der Philosophie, sieht: So könnte es auch sein! Welch ein Ereignis.

Philosophie ist letztlich auch eine geistvolle Literaturform, in der die Gedanken in alle Höhen und Tiefen führen können. Nietzsche war Philosoph und hat wunderbare Gedichte geschrieben. Rilke war Lyriker und jedes Gedicht ist pure Philosophie. Philosophie ist auch eine Einladung, das Leben in Aphorismen zu begreifen. Ein einziger wohlformulierter Gedanke, den man liest und wahrhaft begreift, kann die Welt verändern.

Das Tor der Philosophie ist bedroht von Fatalismus. Nachdenken über das Wahre, Schöne und Gute sei ja recht fein, meint der Türhüter, doch pragmatisch und lebensnah sei es nicht. Die Welt sei eben anders, behauptet er, und wenn wir ihm glauben, dann hat er recht.

Das Tor der Nächstenliebe

Die Caritas könnte uns die Hingabe an das All-eins-Sein bescheren und uns zu mitmenschlichen Wesen machen, wir könnten durch die Mitmenschlichkeit aus unserer Enge heraustreten und ein weltumspannendes Miteinander feiern. Als meine österreichischen MitbürgerInnen in Eigenregie Asylsuchende herzlich empfangen und mit dem Notwendigsten versorgt haben, habe ich Freude empfunden. Das Füreinander-da-Sein ist zutiefst beglückend. Es erinnert an die natürliche Solidarität alles Lebendigen und zeigt: Sollte ich selbst einmal in Bedrängnis kommen, so werde auch ich das Recht auf Asyl in Anspruch nehmen können. Wir können nicht beweisen, dass alles mit allem zusammenhängt, aber wir können es fühlen.

Dann habe ich auch Postings und Statements in Online-Medien von »ganz normalen Bürgern« zur Flüchtlingsthematik gelesen. Es waren Aussagen der Türhüter, die dem Egoismus das

Wort redeten. Mitmenschlichkeit sei ja recht schön, aber ... Jedes dieser »Aber« ist ein Dolchstoß für die Liebe, die ja nur unter der Bedingung der Bedingungslosigkeit atmen kann. Wenn wir anfangen, Akte der Mitmenschlichkeit gegeneinander aufzurechnen und ihnen ein ökonomisches Prinzip des Gebens und Nehmens zugrunde zu legen, dann fällt das Tor der Nächstenliebe vor unserer Nase ins Schloss und wir bleiben hier, zitternd vor Angst. Die größte Angst all jener, die gegen Menschlichkeit votieren, lautet: Möge ich selbst nie in Not und an meinesgleichen geraten.

Das Tor der Liebe

Die Selbsterneuerung kann passieren, wenn man durch das Tor der Liebe geht. Mit ihr lässt sich die tiefe Hingabe an sich selbst, an das Du, an die Gemeinschaft und an die Erde erfahren. Die Liebe ist der vielleicht gewaltigste Seinszustand, der erfahrbar ist, ein erhabenes Gefühl. Vielleicht noch mehr: »Die Liebe ist kein Gefühl, sie ist die Essenz der Schöpfung«, meint die französische Essayistin Christiane Singer. Sie ist also nicht nur ein Gefühl, sondern Grundbaustein des Kosmos. Diese mystische Sicht muss man nicht teilen, doch schmälert das nicht ihren Wert. »Immerhin ist es eine grandiose Vorstellung, die Welt sei auf Liebe gebaut«, meint Péter Esterházy, »nicht gerade solide, aber grandios.« Dieses Grandiose ist pragmatisch erfahrbar. Ob das Universum an sich auf Liebe gebaut ist, spielt keine Rolle. Für das Universum der Liebenden gilt es gewiss. Für sie ist plötzlich alles von Liebe durchdrungen und dieses Durchdringen verändert die Dinge und Handlungen. Wer liebt, verwandelt. Sich und andere.

Die Türhüter schließen die Tür und hängen vorne ein Schild hin, auf dem das Wort »privat« steht. Verbieten lässt sich die Liebe ja nicht, aber sie lässt sich unter Aufsicht stellen. Und die Aufsichtsbehörde sagt, im gesellschaftlichen Kontext habe Liebe nichts verloren, sie sei zum reinen Privatgebrauch bestimmt.

Und so sehr sich auch alle nach Liebe sehnen, so wenig kommt sie im öffentlichen Alltag daher vor. »Das Wort ›Liebe‹ ist im ganzen Medizinstudium nie vorgekommen«, sagte mir einmal ein junger Arzt mit Trauer in der Stimme. Keine Universität lehrt Einfühlungsvermögen, Empathie oder Liebe. Kein Aufsichtsratsvorsitzender, keine Politikerin, kein Werkmeister und keine Schuldirektorin redet öffentlich von Liebe. Das Tor ist offiziell versiegelt und darf nur von Schlagertexten durchdrungen werden, wobei das Gros der Liebeslieder ohnehin eher dazu beiträgt, das Tor verschlossen zu halten, als es aufzustoßen.

Das Tor der Sexualität

Der amerikanische Psychologe Abraham Maslow sah Sexualität in ihrer pragmatischen Notwendigkeit gleichauf mit Hunger und Durst und einem Dach über dem Kopf. Sie ist keine Schrulle, kein Wunsch, sondern schlicht ein Grundbedürfnis des Menschen. Nichts also, was man ignorieren oder vernachlässigen sollte, auch wenn solche Ignoranz zum moralischen Standardrepertoire gehört.

Sex ist jedoch mehr als bloß Notwendigkeit. Selbst die Bibel weiß davon zu berichten. In unbeschreiblich poetischer Schönheit und tiefer Wahrhaftigkeit verwendet die Heilige Schrift die Redewendung »sie erkannten einander«, um einen sexuellen Akt zu beschreiben. »Adam erkannte Eva, seine Frau, und sie wurde schwanger«, heißt es im Buch Mose 4,1, und Maria fragt in Lukas 1,34: »Wie wird das geschehen [dass ich ein Kind bekomme], da ich keinen Mann erkenne?«

Pinchas Lapide, ein bekannter jüdischer Religionswissenschaftler, der für seine launigen und scharfsinnigen Bücher über die Bibel bekannt wurde, schreibt, dass »das Greifen der Nähe zum Begreifen führt, um dann im gemeinsamen Ergriffensein zu gipfeln«. So weiß also auch die Bibel, dass in der sexuellen Vereinigung eine Erkenntnisquelle liegt. »Man lernt nichts kennen, als was man liebt«, meinte Goethe, »und je tiefer und vollständiger die Kenntnis werden soll, desto stärker, kräftiger und lebendiger muss die Liebe sein.«

Zwei Menschen können also einfach »miteinander schlafen«, wie ein etwas müder deutscher Ausdruck lautet, oder »einander erkennen«, also einander wirklich kennen lernen, und darüber hinaussteigen. Sexualität ist eine allgemein zugängliche Meditationsform mit der Chance, sich einen spirituellen Kosmos zu erschließen.

Etwas erkennen, oder Erkenntnis erlangen, ist ja gemeinhin ein Ausdruck für eine überraschende Einsicht in etwas Neues, noch nicht Gewusstes und noch nicht Bewusstes. Dieses Erlebnis ist nicht bloß Ergebnis von purem Nachdenken, sondern von umfassender Sinneserfahrung, in deren Zentrum die Sexualität steht.

»Würde man die erotische Energie nutzen, wäre nicht auszuschließen, dass das ganze Leben auf Erden sich grundlegend wandeln würde«, weiß Christiane Singer. Aber da ist Gott vor. »Du sollst nicht erkennen! - Der Rest folgt daraus«, schreibt Friedrich Nietzsche in seinem »Antichrist«, wo er die Moral, vor allem die christliche, aufs Korn nimmt.

Sexualität ist ein Erkenntnisprozess und Erkenntnis ist immer Moralkritik. Der sexuelle Mensch ist daher in weitestem Sinne immer auch der unmoralische Mensch. Ein interessantes Ergebnis des Kinsey-Reports war, dass die höchste Frequenz an Geschlechtsverkehr bei der Unterschicht (Ganoven, Prostituierte etc.), bei der höchsten Oberschicht und bei Künstlern zu verzeichnen ist, bei jenen Menschen also, die sich über das Gesetz weitgehend erhaben fühlen und Sanktionen, die aus der Verletzung öffentlicher Moral erwachsen, nicht fürchten oder nicht zu fürchten brauchen.

Ein von Machiavelli inspirierter Grundsatz der Politik lautet, dass man, wenn man die Sexualität der Menschen kontrolliert, die Menschen an sich kontrollieren kann. Das haben Religionen und Politik stets aufmerksam befolgt. Die Türhüter sind hier gründlich. »Du sollst nicht erkennen!«, sagen sie und weisen darauf hin, dass das meiste verboten ist und das habe wohl seinen Grund und darum sei es eben verboten.

Das Tor der Spiritualität

Das Tor der Spiritualität verspricht, dass ich mehr bin als Körper und Denkapparat. Es gibt noch den spiritus, den Geist, etwas Höheres, und das muss nicht Gott oder eine Gottesvorstellung sein. Religiosität ist nur eine mögliche Form von Spiritualität. Deklarierte Atheisten können zutiefst spirituell sein und in Meditation oder in der Natur mystische Erfahrungen jenseits der Feststofflichkeit unserer Welt haben. Vielleicht lässt sich allgemein sagen, dass sich durch das Tor der Spiritualität eine Welt erschließt, in der Leben mehr ist als eine pragmatische Angelegenheit. Der Mensch kann dort Schätze entdecken jenseits des Waren- und Geldverkehrs. Damit gewinnt der Mensch seelischen Reichtum und Klarheit.

Der Türhüter aber spricht von »Esoterik« und macht sich lustig über den Begriff der »Seele«. Er will uns durch Zynismus oder die Verpflichtung zu absoluter Rationalität den Weg zur Erkenntnis versperren. Er sagt, es gebe keinen Glauben, nur den Beweis. Wer heute wie Franz von Assisi »Bruder Sonne und Schwester Mond« würdigt, wird von den Türhütern mit dem Etikett eines verschrobenen Öko-Fuzzis versehen oder gar aus der Gemeinschaft der Strebsamen und Angesehenen exkommuniziert. Das Zeitalter der Aufklärung (um 1600) hat uns eine bis heute anhaltende Nüchternheit beschert, die von einer bedingungslosen Ratio und dem Glauben an die technische Machbarkeit von allem getragen ist. Diese Nüchternheit behindert das Fühlen und den Zugang zu jener anderen Welt. Wenn dem suchenden Menschen das Tor der Spiritualität nicht zugänglich scheint, so folgt er mitunter den Wegweisern in die Sackgasse der Sucht. Alkohol, Medikamente, Lottoscheine … die Angebote sind vielfältig.

Das Tor der Krankheit

Krank zu sein, sei es leicht oder richtig schwer, ist ein existenzielles Erlebnis, das uns verändern kann. Ja, selbst die leichte Grippe hat ihren spirituellen Mehrwert, wenn wir ihr zuhören. Sie erzählt davon, dass immer ein Hauch der Schwäche in uns wohnt und dass wir innehalten sollen. Einfach einmal innehalten, Ruhe geben. Hingabe und die Bitte um Erkenntnis sind wahrscheinlich das Kreativste und Lebendigste, was man mit Krankheit anstellen kann. Dieses Tor führt, zumal bei schwerer Krankheit, zur Frage der Bedeutsamkeit der Dinge des Lebens und zeigt uns, was wirklich wichtig ist. Jede Sekunde wird zu einem kostbaren Diamanten. »Vielleicht können sich nur diejenigen unter uns, die bereits das Glück und die Gelegenheit hatten, ausdörrende und langwährende Krankheiten durchzumachen, eine gewisse Vorstellung davon machen, worum es hier geht«, schreibt Christiane Singer. So gesehen wäre eine schwere Krankheit also eine Chance, denn »nur die Krankheit vermag in unserem geistesabwesenden Leben noch den schicksalhaften Sprung herbeizuführen - die strahlende Entdeckung einer Welt, [...] die nicht mehr als selbstverständlich betrachtet wird.« (Singer)

Der bekannte Physiker Stephen Hawking meinte einmal, er danke seiner Krankheit, die ihn faktisch bewegungsunfähig gemacht und an den Rollstuhl gefesselt hat, weil er dadurch eine Reise ins Innere antreten konnte. Diese Einstellung hat unbestreitbar Kraft.

Eigene schwere Beeinträchtigungen mit Dankbarkeit (Hawking) und als Glück (Singer) zu betrachten, zeigt, welch lebensspendendes Potenzial selbst den Tiefpunkten des Lebens innewohnen kann. Der Mensch hat die großartige Befähigung, gerade in der Dunkelheit das Licht zu sehen und in großer Schwäche zur Lebendigkeit zu finden.

Die Türhüter sind heutzutage etwas schnell damit, bei jedem kleinen Anflug von Kopfweh mit starken Schmerzmitteln und bei Traurigkeit mit Psychopharmaka zu kommen. Beeinträchtigungen sind völlig natürliche und notwendige Zustände.

Sie fördern Widerstandskraft und beinhalten Entwicklungsmöglichkeiten. Die Gesundheit hat die fatale Eigenschaft, dass man sie nicht spürt. Sie scheint daher »nichts« zu sein. Nur die Krankheit mit ihrem Schmerz ist spürbar und wir wollen sie daher loswerden. Vielleicht ist das aber ihre subtile Aufgabe: auf die Gesundheit hinzuweisen.

Das Tor des Todes

Was gewiss Kraft hat und ein Tor der Veränderung ist, ist der Tod. Es ist das einzige Tor, das permanent offensteht und an dem wir konsequent vorbeilaufen. So ein Glück, mögen Sie nun sagen.

Man muss ja nicht gleich sterben, um sich zu verändern. Es würde schon genügen, das Sterben zu bedenken und als Möglichkeit in Betracht zu ziehen. Der Tod ist im Leben eines Menschen so gewiss wie ein Lottotreffer unsicher. Dennoch denken die Leute eher über die unwahrscheinliche Lottomillion nach als über den sicheren Tod. Sie hoffen, dass sie nach dem Lottogewinn glücklicher werden, und sehen nicht, wie man vor dem gewissen Tod glücklicher sein kann.

Uns widerfährt mitunter der Tod von geliebten und nahen Menschen. Diesem Ereignis sind wir ausgeliefert, nicht aber unserem Umgang damit. Wir können die Erfahrung annehmen und uns ihr hingeben, wie man sich der Liebe hingibt. Die Liebe und der Tod – sie erfordern beide absolute Hingabe, um sich entfalten zu können. Die Hingabe an die Vorstellung vom Tod bringt das hervor, was er zur Verarbeitung braucht – Schmerz, Tränen, Wut, Enttäuschung, Verzweiflung etc. Was auch immer es ist, es geht darum, es zuzulassen und zu durchleben. Wir wachsen daran. Der Tod ist Vorbedingung für das Leben.

Doch vor jedem Tor, wir wissen es bereits, steht ein Türhüter, der uns davor warnt, uns mit dem Tod auseinanderzusetzen. Er sagt: »Sieh nicht hin! Der Tod gehört nicht zum Leben!« Dieser

Satz tötet den Tod und verhindert die Lebendigkeit, die er entfalten könnte.

Die Tore und die Veränderung

Das, was wir wollen, und die Art, wie wir dorthin gelangen, stehen oft in keinerlei Zusammenhang. Der Weg und das Ziel lassen sich daher kaum willentlich planen und verknüpfen.

Was wir wollen, ist die Veränderung. In Beruf, Partnerschaft, im Umgang mit den Eltern oder den Kindern – oder gar mit sich selbst. Doch wir finden den Knopf am Bedienungspaneel nicht, wissen nicht, wo und wie ansetzen, verzweifeln manchmal am immer Gleichen, obwohl es doch anders sein sollte. Dann plötzlich – die Krankheit, eine Begegnung mit einem Menschen, ein unglaublicher Satz in einem scheinbar bedeutungslosen Buch ...! Eine Schockwelle, ein Tor. Wir gehen hindurch oder werden hindurch geworfen. Es ist wie eine Geburt. Und plötzlich ist alles anders.

Wer hätte sich diese Krankheit je wünschen oder die Begegnung mit diesem Menschen je planen können? Unmöglich. Es ist einfach passiert. Diese Tore – sie sind oft nicht das, was wir direkt anstreben können. Sie ereilen uns.

Die Aufgabe der Verwandlungskünstler besteht daher in der Begabung, sich ereilen und überwältigen zu lassen. Wenn wir den Weg nicht exakt planen können, bleibt uns nur, wachsam zu sein und auf Wegweiser zu achten. Es braucht eine Haltung der Offenheit. Wer sich verändern will, öffnet das Herz und den Verstand (auch wenn die Angst gerade dann beides zusammenziehen will). In dieser Bereitschaft und Offenheit kann man die Tore am Wegesrand erkennen und lernen, sich ihrer zu bedienen.

Woran erkennt man ein Tor?

Da gibt es also Tore, durch die man schreiten könnte (und ihre Namen und ihre Zahl ist mit der oben getätigten Aufzählung bestenfalls angedeutet) –, doch wie erkenne ich sie? Wie unterscheide ich eine wackelige Tür zu einem Abstellraum von einem Tor in eine andere Welt? Die sind ja wohl nicht beschriftet.

Nun ja, gewissermaßen schon. Wir erkennen ein Tor der Veränderung an der Gleichzeitigkeit von Sehnsucht und Widerstand. Es zieht an und stößt ab zugleich. Es gibt ein Ja und ein Nein. Wir wollen hin und fühlen Widerstand. Wir werden abgestoßen und spüren den Sog. Immer wenn es ein Ja und ein Nein zugleich gibt, sind wir zur Aufmerksamkeit verpflichtet. Da ist etwas, was will, und etwas, was uns sagt, du sollst nicht. Warum will ich, was ich nicht soll? Warum soll ich nicht, was ich will?

Die Tore, auf die es ankommt, sind gut bewacht. Am Eingang zu Disneyland steht gewiss niemand, der uns davon abhalten will, einzutreten. Da sind zuckersüße Gestalten in Feengewändern, die Kapriolen schlagen und uns Gutscheine aushändigen. Da kommen wir nach vier Stunden unbeschadet und nur etwas verklebt heraus. Das war's dann auch schon. Aber wenn da irgendwo einer dieser großen Dämonen vor der Tür steht, zu der es uns hinzieht, und sagt: »Das geht nicht, das darfst du nicht!«, dann sind wir an einem Tor der Veränderung. Die Angst ist der Kompass. Je größer die Angst, umso näher ist das Tor. Das hat eine kulturelle Logik, denn wir lernen, dass wichtige Dinge immer verboten sind. Diese Verbote haben, gleich der Angst, eine Schutzfunktion. Sie sollen uns vor Unheil bewahren und es liegt an uns, zu prüfen, wo sie uns dienen und wann sie uns lähmen und erstarren lassen.

ÜBUNG
Nehmen Sie sich kurz Zeit und ein Blatt Papier zur Hand. Zeichnen Sie eine lange Linie, gerade oder geschwungen, ganz wie Sie wollen. Das ist die Zeitachse Ihrer Lebenslinie, von der Geburt an bis heute. Markieren Sie ungefähr zu der Zeit, wo es passiert ist, mit einem Stift all jene »Tore der Veränderung«, durch die Sie bisher gegangen sind. Sie werden sehen: Da gab

es schon einige und sie haben sie gemeistert. Das darf Ihnen Zuversicht geben. Wenn Sie heute Veränderung anstreben, so tun Sie es nicht zum ersten Mal. Sie können dann auch mit einer anderen Farbe jene Tore markieren, durch die Sie nicht gegangen sind (soferne Sie sich daran erinnern können). Sie können auf dieser Zeitachse auch farbige Markierungen anbringen für Ihre »drei größten Erfolge«, für Ihre »drei schlimmsten Erlebnisse«, aber auch für Ihre »drei schönsten Erlebnisse«. Sehen Sie sich Ihre Lebenslinie an! Sie ist bunt und ein Weg der Verwandlung. Seien Sie zuversichtlich. Sie meistern das auch diesmal.

RESÜMEE

- *Es gibt entlang des Lebensweges Tore, durch die Sie gehen können.*
- *Sie erkennen Tore der Veränderung an der Gleichzeitigkeit von Sehnsucht und Widerstand. Es zieht Sie hin und stößt Sie ab zugleich.*
- *Wenn Sie hindurchgehen, lösen Sie sich gewissermaßen auf. Im neuen Raum ist vieles (manchmal: alles) anders.*
- *Der Weg zu unserem Ziel ist oft sehr verblüffend und nicht planbar. Seien Sie daher offen.*

Das Tor der Veränderung durchschreiten

Geht man durch ein Tor der Veränderung, ist vieles anders, manchmal alles! Es raubt einem den Atem. Extreme Gefühlsaufwallungen stellen sich ein – von Euphorie bis zum namenlosen Schrecken. Es mag nur ein Schritt sein, da hindurchzugehen, doch es ist kein Spaziergang. Veränderung passiert in der Hingabe an die Überwältigung. Die großen Gefühle führen zu den großen Veränderungen. In der unendlichen Begeisterung wissen wir, was zu tun ist. Es gibt kein Zurück. Wir müssen nur wagen, es zuzulassen. Was passiert, wenn es passiert, ist ein Zustand der Auflösung, der Übergang in einen anderen seelischen Aggregatszustand.

Schritt 1: Auflösung des Ego

Das Ego ist der Sitz unserer Eitelkeit und wir verbringen in der Regel viel Zeit damit, es zu bedienen. Jeden Morgen vor dem Spiegel, wenn wir uns schminken oder rasieren, tun wir es für unser Ego. Anziehen, Gespräche, Kontakte unterliegen den Bedürfnissen des Ego. Das Ego erzählt die schönsten Geschichten von uns, so lange, bis wir sie selbst glauben. Das ist unserer Lebensweise geschuldet und an sich nichts Verwerfliches, auf Dauer bloß entwicklungshemmend. Das Ego will nicht werden, es will auch nicht sein, es will bloß – scheinen. Das Ego tut, doch es tut bloß so als ob. Es ist die Tünche, von der das Ich meint, sie auftragen zu müssen. Es ist daher ein großes Ereignis, wenn das Ego beginnt, sich aufzulösen und unwichtig zu werden. »Ich« habe entschieden, es zuzulassen, und das ist keine Kleinigkeit. Es bedeutet, dass ich Pause in der Show meines Lebens einlege und hinter die Kulissen sehen möchte. Ich will nicht die Rolle sehen, sondern den Schauspieler, nicht die vorgeschriebenen Dialoge, sondern den Autor, nicht das Bühnenbild, sondern das Theater. Wenn ich durch ein Tor der Veränderung gehe, löst sich zuerst das Ego auf.

Schritt 2: Auflösung des Ich

Löst sich das Ego auf, tritt das Ich zutage, unser eigentliches Selbst, dem wir meist zu wenig Beachtung schenken. Das Ego ist das, was ich in Anpassung an äußere Erwartungen vorgebe zu sein, das Ich ist das, was ich bin. Das Ich ist meine Wahrheit, meine Welt. Das Ich ist beglückt darüber, gehört und beachtet zu werden, endlich einmal nicht das sein zu müssen, was das Ego für richtig erachtet. Wenn ich auf mein Ich höre, so tue ich etwas Notwendiges, aber noch nicht zwingend etwas Erkenntnisreiches. Erkenntnis passiert, wenn auch das Ich und seine Vorstellungen sich verabschieden. Die inneren Bücher mit den Regieanweisungen bleiben ungeöffnet, die alten Stimmen, die erzählen, wer »Ich« bin, sind einmal stumm. Die alten Muster verblassen wie Straßenmalerei im Regen.

Genau das passiert, wenn wir ein Tor der Veränderung durchschreiten. Selbst das ureigenste Ich wird plötzlich unwichtig und geht über in etwas anderes. Wir begeben uns in einen Zustand der Ich-Losigkeit. »Ich« ist in diesem Moment nicht wichtig. Wichtig ist das andere.

Schritt 3: Ekstase & Transzendenz

Wenn das Ich unwichtig wird, begeben wir uns an Orte der Wahrhaftigkeit. Wir sind im Zustand existenzieller Nacktheit, somit in einem Zustand der Berührbarkeit und fähig, etwas Neues in unserem tiefsten Inneren anzunehmen. Die Berührbarkeit und Aufnahmebereitschaft steigen mit dem Zustand der Ekstase. Je ekstatischer das Ereignis, desto berührender und bewegender ist es. Ekstase (*ékstasis*, griechisch »das Außersichgeraten«) ist ein psychischer Ausnahmezustand. Das Bewusstsein wird als »erweitert« erlebt, das Kleid des bisherigen Bewusstseins ist plötzlich zu eng geworden, der Bereich des Vertrauten wird verlassen. Es kommt zu Transzendenz (*transcendentia*, lateinisch »das Übersteigen«), also zu einem Übertritt in etwas anderes.

Der Übertritt

Es gibt einen besonderen Moment an jedem Tor, den Moment des Übertritts. Man hat entschieden die Türschnalle gedrückt im Wissen, da jetzt hindurchzugehen. Der Fuß macht den Schritt, den alles entscheidenden. Das Herz hüpft mit. Man ist im Türstock. Zwischen den Räumen. Das Alte ist nicht mehr, das Neue ist noch nicht. Der alte Raum ist verlassen worden, der neue Raum noch nicht betreten. Das Bisherige ist in die Vergangenheit gerückt, die Zukunft ist erst im Entstehen. Das Jetzt ist einzig bestimmt durch ein Nicht-Sein zwischen den Räumen. Auf die beliebteste Frage, die am Mobiltelefon gestellt wird – »Wo bist du gerade?« –, kann man dann nur antworten: im Wandel. Zwischen zwei Räumen. Nicht da, nicht dort. Es ist der Schwebezustand des Erschauerns. Jener Moment, wo der Trapezkünstler das eine Trapez losgelassen und das andere noch nicht gefangen hat.

Ich persönlich habe diese Grauzonen des Lebens stets gemocht. Die Übergangsräume, die geprägt sind vom Nicht mehr und Noch nicht, haben etwas von Urlaub. Es ist nichts festgelegt. Die Freude oder wahlweise auch der Schrecken an diesen Schwebezuständen ist wohl auch von ihrer Dauer abhängig. Manchmal sind sie wirklich nur wie ein Schritt durch eine Tür, manchmal währen sie Tage, Wochen. Auch wenn gewiss ist, dass die Bewegung in einen neuen Raum führt, so scheint es fast wie eine Ewigkeit, die es durchzuatmen gilt. Dieser Übertritt will erlebt und ertragen werden.

Tor ohne Wiederkehr

Gruseliger als der Moment des Übertritts ist ein Umstand, auf den ich als Reisebegleiter in die Veränderung dringend hinweisen muss: Man kann nicht zurück. Wer durch ein Tor geht, hat etwas bestimmt. Auf dem normalen, alltäglichen Lebensweg können wir schlendern, vor und zurück laufen, und es ändert wenig. Alles bleibt weitgehend gleich, wie auch immer wir uns entscheiden. Geht man aber durch ein Tor der Veränderung, so ist der Schritt hindurch endgültig. Es handelt sich um eine fundamentale Erfahrung und die lässt sich nicht ungeschehen machen. Sie speichert sich in unseren Zellen. Wir können wohl den vorherigen Lebens-Umstand wieder erreichen, etwa wenn wir in Panik eine wichtige Entscheidung bedauern und rückgängig machen. Der Lebens-Umstand ist dann wohl wie zuvor, aber nie wieder der Seins-Zustand. Wir sind ab dem Moment des Übertritts anders. Das System ist anders. Das Alte ist definitiv vorüber, was auch immer wir dann noch tun. Ein Tor der Veränderung wird seinem Namen nachhaltig gerecht. In der Entfaltung des Lebens gibt es kein Schummeln. Der Schmetterling kann sich nur noch als Raupe gebärden, aber keine mehr sein.

Mogelpackungen

Natürlich gibt es, wenn man an Tore kommt, auch diese Mogelpackungen, wie wir sie aus Supermärkten kennen. Falltüren, die offen stehen und so tun, als wären sie Tore. Da stehen auch Typen davor, doch sie hüten die Tore nicht, sondern reißen sie weit auf, damit man den Eintritt nur ja nicht verfehlt.

»In der Schule wird gelernt, um eine Prüfung zu bestehen. Erst diese öffnet eine weitere Tür der Gesellschaft. Ausbildung oder Studium werden ebenfalls auf einen Abschluss ausgerichtet, der eine weitere Tür in immer exklusivere Gesellschaftsschichten öffnet. Hinter jeder dieser Türen wird schließlich das ersehnte Ziel erwartet. [...] Inzwischen ist der Betreffende etwa 35 Jahre alt, lebt dann zehn Jahre am Zenit seiner Biografie und gehört mit 45 Jahren bereits zu den Menschen, die aus der Gesellschaft wieder an den Rand gedrängt werden.« Gottfried Stockmar, ein Rudolf-Steiner-Schüler und Dozent am Waldorf-Lehrerseminar in Hamburg, beschreibt die Tore von Müller-Detmold. Geh hindurch und du weißt, was dich erwartet. Das sind Convenience-Produkte mit geringem Nährwert, deren einziger Effekt darin besteht, dass sie nicht halten, was sie versprochen haben. Das, was versprochen wird, kann nämlich niemand anderer halten als der in Entwicklung befindliche Mensch selbst.

Die Funktion der Türhüter

Wenden wir unsere Aufmerksamkeit noch einmal den Türhütern zu und zollen wir ihnen nunmehr Anerkennung. Blicken wir hinter den vordergründigen Schrecken, den sie verbreiten, und beachten wir ihre Funktionen. Zuerst einmal zeigen sie uns die Tore der Veränderung an. Sie haben durch ihr mächtiges und beeindruckendes Gehabe Signalwirkung und kennzeichnen somit die Points-of-Interest auf dem Lebensweg. Ohne sie würden wir glatt an unseren besten Möglichkeiten vorbeilaufen oder einer Mogelpackung auf den Leim gehen. Dieses ganze Angst-Getue ist so eine Art Lichteffekt, damit wir endlich hinsehen.

Wenn wir endlich hinsehen, dürfen wir erkennen, dass die Türhüter die Tür offen halten! Ihre Bewachungsfunktion hat etwas Dienliches. Sie beschützen einen Raum, der eben nur für Verrückte zugänglich sein soll. Vielleicht bewahren sie den Raum auch einzig für mich, wie in Kafkas Parabel, und machen mir nur so lange Angst, als ich nicht verrückt genug bin, also die Zeit einfach noch nicht reif ist, sich ver-rücken zu lassen.

Zugunsten der Grenzen, die uns laufend gesetzt werden, ist anzumerken, dass sie helfen, den Raum zu strukturieren. Wir wünschen uns die Welt gerne grenzenlos und zugleich wollen wir unser eigenes Zimmer mit einer Tür, die man verschließen kann. Die Grenzen sind also natürlich und die Grenzenlosigkeit entsteht durch unseren Mut, sie zu überschreiten. Grenzen werden missverstanden. Die meisten Menschen denken, man muss an ihnen stehenbleiben, dabei sind sie Brücken. Grenzen sind jene Zonen, die das eine mit dem anderen verbinden und überschritten werden wollen. Bekanntlich betritt man neues Land nur dann, wenn man einen Grenzübertritt durchführt. Erst hinter der Grenze ist das Neue. Dementsprechend muss man, sprichwörtlich und ganz real, an die Grenzen gehen, um hinüberzugehen in etwas anderes. Bleibe ich innerhalb meines gewohnten Bereiches, komme ich nicht in etwas Neues.

Die Tore entlang des Lebensweges sind Grenzstationen. Wenn das Visum, das wir benötigen, den Stempel unserer Neugierde trägt, sind wir berechtigt, sie zu durchschreiten. Und es braucht kein »Wozu?«, denn die Neugierde steht für sich selbst. Wir wollen Erkenntnis und die Veränderung, die sie bewirkt, um ihrer selbst willen, weil es die sich permanent wandelnde Natur in uns so angelegt hat, aller Angst zum Trotz.

Die Funktionen der Angst

Die Angst, die ewige Begleiterin der Veränderung, darf nun endlich auch rehabilitiert und in besserem Licht dargestellt werden, bevor wir unseren Weg der Veränderung weitergehen. Die Angst ist nichts anderes als eine Warnfunktion des Körpers wie Hunger oder Durst. Sie hat etwas Unheimliches, denn sie richtet sich auf Unbestimmtes. Angst vor dem Leben, Angst vor der eigenen Größe, Angst vor dem Versagen, Angst vor Dunkelheit oder Helligkeit, vor Zuviel oder Zuwenig. Die Angst sorgt dafür, dass wir angesichts unklarer Situationen in Alarmbereitschaft geraten. Doch genau das dient dem Überleben.

Fühlen wir Angst, dürfen wir also zuerst einmal aufmerksam und dankbar sein, zeigt sie doch irgendein Bedürfnis und eine Not der Seele an. So wie Hunger und Durst anzeigen, dass nun Energiezufuhr notwendig ist, ohne dass wir Hunger und Durst deshalb verdammen, zeigt die Angst an, dass die Zufuhr von Sicherheit notwendig ist, und dafür sollten wir sie ebenfalls nicht tadeln. Sie wird ja nur zum Schrecken, wenn wir nichts tun! So ist es auch beim Hunger, der dann unangenehm wird, wenn wir ihn ignorieren und dem Körper nicht geben, was er braucht. Warum aber es so weit kommen lassen? Jedes Körpersignal wird pathologisch, wenn wir es ignorieren, so tun, als existiere es nicht oder es mit Substanzen unterdrücken.

Angst existiert. Sie signalisiert Sicherheitsbedarf bei Unklarheit, und dieser ist in Veränderungsprozessen unvermeidbar, denn notwendigerweise geht man bei Veränderung von einem bekannten Zustand in einen unbekannten.

Dass wir Angst empfinden können, hat eine evolutionäre Bedeutung. Was wir Angst nennen, ist eine physiologische Reaktion auf Bedrohung. Adrenalin wird ausgeschüttet, die Haare stehen uns zu Berge, der Organismus ist in Alarmzustand. Es wird eine endokrine Stressreaktion erzeugt, die den Organismus zwingt, etwas zu tun, um diesen physiologischen Sonderzustand möglichst rasch wieder zu beenden. Dazu braucht es aber ein flexibles Gehirn. Lebewesen wie etwa die Dinosaurier hatten nur fix verschaltete Gehirne, in denen keine Flexibilität angelegt war. Die Angst führte zu einem einfachen Set an Reaktionen - Flucht, Kampf, noch intensivere Nahrungssuche. Auf Bedrohungen, die mit dem genetisch verankerten Set an Lösungsmöglichkeiten nicht zu bewältigen waren, gab es keine Antwort als den Tod.

»Atlantische Lachse sterben beispielsweise nach dem Ablaichen an den Konsequenzen einer unkontrollierbaren Stressreaktion«, wie der Neurobiologe Gerald Hüther ausführt. »Solange der Paarungs- und Ablaichinstinkt aktiviert ist, wird die Stressreaktion unterdrückt. Die Lachse merken bis dahin offenbar gar nicht, wie eng es in den Flüssen wird, welches Gedränge dort entsteht und wie wenig Futter es gibt.« Wenn das Ablaichen erledigt ist, setzt der Stress ein, der zum Tod führt, weil der Lachs keine Lösung für seine Situation kennt. Wenn man Lachse unmittelbar nach dem Ablaichen einfängt und aus den Flussoberläufen ins Meer zurückbringt, sterben sie nicht.

Wir sind aber keine Lachse, Insekten oder Dinosaurier. Wir Menschen sind von der Evolution mit flexiblen Gehirnen ausgestattet worden. Wir müssen nicht an neuroendokrinem Stress zugrunde gehen. »Die Stressreaktion ist auch der große Modellierer« (Hüther), erlaubt es uns also, Verschaltungen im Hirn aufzulösen und neue Denkwege einzuschlagen. Und zwar nicht über Generationen hinweg in Form genetischer Neuverdrahtung, sondern hier und jetzt, wo wir uns gerade vor Angst in die Hose machen.

Angst entsteht durch einen Schockzustand. Wir erkennen plötzlich, dass etwas ganz und gar nicht so ist, wie wir es gerne hätten. Es folgt eine Erstbewertung der Situation, es werden die Auswirkungen auf das eigene Leben und die Bewältigungsmöglichkeiten geprüft. Dann setzen Bewältigungsprozesse ein, ebenfalls noch unter dem Einfluss erhöhter Adrenalinausschüttung und erhöhter Anspannung.

Sind diese Strategien erfolgreich, kommt es zu einem scheinbar paradoxen Gefühl. Die Angst verwandelt sich in Überraschung, Freude, Lust und schließlich Euphorie. Die Angst erzeugt also bei ihrer Überwindung ein großes Glücksgefühl. Wir haben etwas geschafft. Aus diesem Grund buchen viele Menschen Angst-Entertainment wie Bungee-Jumping, in der Hoffnung, dass sich die Angst in Euphorie verwandelt.

Die Angst ist ein Veränderungsimpuls. Sie will erlöst werden und zwingt dem Organismus eine Entscheidung auf. Geh durch das Tor oder meide es! Tu etwas! Jetzt! Hol dir den Bonus der Euphorie, der aus der nachfolgenden Entspannung entsteht!

Der Faktor Zeit spielt natürlich auch mit. Kommt es in einer individuell angemessenen Zeit nicht zu einer Auflösung der Angst, verschärft sich der Zustand auf rein physiologischer Basis. Es wird zusätzlich Kortisol ausgeschüttet, es kommt zu einem Aufschaukeln des Systems in die Unkontrollierbarkeit. Das Hirn gerät in Panik, der Mensch reagiert mit Verzweiflung, Hoffnungslosigkeit, Selbstaufgabe.[4] Wann genau das passiert, ist individuell ganz verschieden. Bei Tieren kann man definieren, wann sie in unkontrollierbare Stresssituationen gebracht werden - Schweine etwa dann, wenn sie ein paar Tage von der Herde getrennt oder auf den Schlachthof geführt werden. Wir Menschen haben ja auch oft das Gefühl, auf die Schlachtbank gebracht zu werden, nur ist der Auslöser für dieses Gefühl ganz und gar subjektiv. Wir Menschen brauchen dafür nämlich nicht einmal äußere Ereignisse. Uns genügt dafür die Fantasie. Alleine kraft unserer Vorstellung können wir Tatsachen so anreichern, dass sie uns schier erdrücken.

Gerät der Mensch in unkontrollierbaren Stress, findet er ebenfalls Lösungen, einfach weil er Lösungen finden muss! Alle Hormone im Körper schreien danach. Die »Lösungen« lauten dann mitunter allerdings Kopf-in-den-Sand-Stecken, Krankheit, Drogen oder Selbstmord. Dann sind wir im Zustand der Lachse, die am Oberlauf des Flusses ihre komplett aussichtslose Lage erkennen und an dieser Erkenntnis verenden.

Das ist die Dialektik der Angst. Sie zeigt an, dass wir in absehbarer Zeit unendlich glücklich sein können. Oder tot. Vielleicht stellt sich die Angstursache auch einfach als harmlos und unbegründet heraus und wir leben weiter wie bisher.

Von der Angst zur Handlungsfähigkeit

Können wir auch unendlich glücklich werden ohne vorherige Angst? Ich fürchte: nein. Nur eine Abfolge erfolgreicher Grenzübertritte (= Angstüberwindungsschritte) führt uns weiter und weiter zu uns selbst. Es beginnt ja schon bei der Geburt. Das Rausschlüpfen aus dem mütterlichen Bauch ist ein Schock der Extraklasse. Das Leben stülpt sich das erste Mal fundamental um. So geht das weiter. Pubertät, erster Sex, selbständige Lebensführung, Partnerschaft. Eine Abfolge von Aufregungen, Stress und Euphorie.

Wer VerwandlungkünstlerIn sein mag, muss also mit Angst umgehen können, gerade dann, wenn sie lang anhaltend wird. Sollte man sich bereits im kortisolgeschwängerten Zustand der

Panik befinden, so hilft es, die Angst zuerst einmal auf ihre Plausibilität zu prüfen. Die Erfahrung zeigt, dass an unserem Gefühl der Ausweglosigkeit zu 99 Prozent mentale Sackgassen schuld sind. Wir sind nicht auf der Schlachtbank, wir glauben es bloß. »Der Mensch stirbt nicht vom Gift, der Mensch stirbt nicht vom Tod. Er stirbt vor lauter Todesangst. Er stirbt, wenn man ihm droht«, sang einst Arik Brauer. Angst ist immer irreal! Sie richtet sich immer auf Unbestimmtes (anders als die Furcht, für die es ganz reale Gründe gibt).

Das Gehirn beginnt unter hormoneller Belastung Fehlschaltungen durchzuführen und Verknüpfungen zu schaffen, die bei klarem Verstand nicht vorkommen. Es führt Dramen nach einem chaotischen Drehbuch auf. Machen Sie sich das bewusst. Und dann suchen Sie Unterstützung von Freunden und anderen Menschen, von denen Sie geliebt werden. Holen Sie sich Streicheleinheiten, Umarmungen, Zuspruch. Der Mensch ist ein soziales Wesen und braucht Wärme und Nähe. Das ist kein Luxus, sondern schiere Notwendigkeit. Die Rückführung von unkontrollierbarem Stress in einen kontrollierbaren Zustand geht über Liebe. Die Liebe hilft, wieder handlungsfähig zu werden. Suchen Sie daher Unterstützung von liebevollen Menschen, FreundInnen, Familie. Deren Aufgabe besteht nicht darin, Ratschläge zu erteilen, sondern einfach Liebe und Geborgenheit zu schenken. Für gute Ratschläge sind diese Menschen zu innig mit ihnen verbunden. Sie sind voll Mitgefühl, aber nicht objektiv.

Für Ratschläge, Klarheit und Orientierung braucht es Nüchternheit. Auch das können Sie sich bei Bedarf holen, aber an anderer Stelle. Dafür gibt es neutrale Helfer - Coaches, Berater, Therapeuten. Diese Menschen werden Sie nicht lieben, umarmen und streicheln, aber dafür dürfen Sie deren Objektivität, Klarheit und Erfahrung in Anspruch nehmen.

Also: keine Angst vor der Angst! Sie ist ein Prinzip der Evolution mit dem Ziel, unsere Kreativität zu fördern, Ekstase auszulösen und so Veränderung zu vollziehen. Der Weg in das Neue führt »haarscharf die Angst entlang«, wie meine Lebenspartnerin Veronika Victoria Lamprecht einmal formuliert hat, und wir werden genau hinsehen, was die Angst braucht. So kommt man sicher durch das Tor der Veränderung.

RESÜMEE

▸ *Gegen Veränderungswünsche wird sich Widerstand von außen regen.*

▸ *Sie werden Angst empfinden, das ist normal. Einfach hinhören, was die Angst sagt und braucht.*

▸ *Verdrängen oder unterdrücken Sie die Angst nicht. Angst ist wichtig. Sie zeigt ein Sicherheitsbedürfnis an und fördert Kreativität.*

▸ *Holen Sie sich bei Bedarf Unterstützung. Sie brauchen nun sowohl Liebe und Geborgenheit als auch Klarheit und Objektivität. Für Ersteres sind Freunde und Verwandte zuständig, für Zweiteres externe Berater.*

Was bringt uns dazu, durch ein Tor zu gehen?

Der brennende Hut und das brennende Herz

Nun wissen Sie von den Toren der Veränderung und wie man sie erkennt. Aber was bringt Menschen dazu, durch ein Tor der Veränderung zu gehen? Was bewegt Menschen? Menschen lassen sich, wie schwere Felsbrocken, nur durch große Hebel in Bewegung setzen.

»Transformation kann auf zwei Arten geschehen«, erläutert der Bewusstseinsforscher Rudolf Kapellner, »durch den Sprung in den Abgrund oder durch ein Gipfelerlebnis.« Entweder es brennt der Hut. Oder es brennt das Herz.

Und wo stehen Sie gerade, liebe Leserin, lieber Leser? Am Abgrund? Kein Schritt weiter in diese eine Richtung geht mehr? Der Hut brennt lichterloh? Das ist der normale Ausgangspunkt fundamentaler Veränderung. Erst angesichts einer existenziellen Bedrohung kommt Bewegung in das System Mensch. Fast alle Menschen reißen erst im Angesicht des Abgrundes das Steuer herum, viele nicht einmal dann.

Diese Methode, so beliebt sie auch ist, ist auch die schmerzhafte. Der Mensch erzwingt eine Veränderung, indem er sich in absolute Ausweglosigkeit manövriert. Er trickst sich selbst gewissermaßen aus, um den Preis der Handlungsfreiheit. Wenn der Hut brennt, gibt es wenige Optionen. Es heißt einfach nur: Weg! Anders! Sobald wir dem Brandherd entkommen sind, sind wir wohl in Sicherheit, wissen aber immer noch nicht weiter. Es gibt kein Darüberhinaus.

Wenn hingegen das Herz brennt, dann sind wir in einem Geburtskanal. Es geht nur in eine Richtung hinaus. Dorthin streben wir, zwängen wir uns, kämpfen wir uns durch. Schier Unglaubliches gelingt mit brennendem Herzen. Der Neurobiologe Gerald Hüther erzählt auf seinen Vorträgen gerne die Geschichte eines 80-jährigen europäischen Mannes, der in diesem Alter noch fließend Chinesisch gelernt hat, eine Sprache, die äußerst schwierig ist, weil ein und dieselbe Silbe je nach Tonhöhe Unterschiedliches bedeutet. Dieses Kunststück gelang, weil der Mann sich in eine unwesentlich jüngere Chinesin verliebt hatte. Das ist das Wunder des brennenden Herzens. Man darf sicher sein, dass der Mann unter Druck kaum so erfolgreich eine Sprache gelernt hätte. Ein Spaziergang ist auch das brennende Herz keineswegs. »Wer glaubt, dass Gipfelerlebnisse immer schön, nett und freundlich sind, der hat noch keines gehabt«, meint Kapellner, »er verwechselt das Gipfelerlebnis mit einer Hügelwanderung.«

Wir haben auf unserem Lebensweg die Wahl. Sind wir bereit, auf unsere Bedürfnisse und Sehnsüchte zu hören? Wissen wir, was wir wollen und wofür wir brennen? Das wäre großartig, denn unter den Bedingungen der Leidenschaft ist Veränderung lustvoll. Doch leider sind wir uns selbst gegenüber blind und taub und kommen oft kaum weiter als zu wissen, was wir nicht wollen. Was wir aber wollen, wollen wir nicht wissen. So bleibt uns nur der Weg der Abstoßung. Abgestoßen werden von allem, was überhaupt nicht geht, ohne zu wissen, wohin es gehen könnte. Bis wir an einem Abgrund landen und auch von dort abgestoßen werden - in die Intensivstation, in Rekonvaleszenz, in die Heilungskrise.

RESÜMEE

Es gibt nur zwei starke Motivatoren der Veränderung: den brennenden Hut und das brennende Herz. Ersteres ist zwingender, Zweiteres lustvoller.

Nehmen Sie sich eine Nacht für sich. Alleine! Sie brauchen wirklich Zeit und Raum. Und dann legen Sie Ihre Lieblingsmusik auf. Sachen, die Sie vielleicht lange nicht gehört haben. Spielen Sie richtig laut. Nicht nachdenken, einfach spielen. Tanzen Sie dazu. Spielen Sie Luftgitarre. Nehmen Sie eine Zucchini als Mikro in die Hand und singen Sie. Seien Sie echt peinlich. Und dafür lebendig. Musik ist ein wunderbares Medium, um in die Lebendigkeit zu surfen. Wenn es geht, bleiben Sie lange auf, hören Sie laut Musik, trinken Sie ein Glas vom wirklich guten Wein und verbringen Sie die Nacht mit sich alleine.

Pfade der Verwandlung

Es gibt also zwei Motivatoren – den brennenden Hut und das brennende Herz – und wenn nun durch eines von beiden der innere Motor zum Laufen gekommen ist, so will ein Weg gewählt werden. Welchen nimmt man? Es gibt zwei Wege: den Pfad des Willens und den Pfad der Hingabe. Beide führen zum Ziel. Diejenigen, die dem Willen zugeneigt sind, meinen, dass es so viel schneller und einfacher gehe. Die Wanderer der Hingabe meinen das gleiche für ihren Weg.

Der Pfad des Willens führt über die Gebirgskette der Disziplin. Die Person, die sich zu gehen entschieden hat, weiß, dass es nun hart wird, und damit es hart wird, muss man über die Gebirge. Der Pfad des Willens beginnt mit dem Ziel. Der Wanderer sieht das Ziel und will dorthin. Er folgt dem Ideal. Und er ist bereit zu kämpfen. Die Person weiß, dass sie sich überwinden muss und dass es nun darum geht, Herrin ihrer selbst zu werden. Personen auf diesem Weg sind extrem fokussiert und asketisch.

Der Pfad der Hingabe führt durch das Tal der Stille. Die Person, die sich zu gehen entschieden hat, weiß, dass es leicht geht, und damit es leicht geht, geht man in das Nichts. Der Pfad der Hingabe beginnt mit dem Anfang. Der Wanderer erkennt, wo er steht und geht los. Er lässt sich von dem tragen, was gerade ist, weil er nichts anderes hat. Er folgt seinem Potenzial und ist bereit, es einzusetzen. Die Person weiß, dass das Leben nicht bezwungen werden kann und dass es bloß darum geht, die Aufmerksamkeit vorauszuschicken. Sie ist bereit, sich überraschen zu lassen. Personen auf diesem Weg sind extrem offen und bereit.

Die Wanderer des Willens verstehen nicht die Willenlosigkeit der anderen. Sie halten den anderen Weg für oberflächlich, weich und aussichtslos. Der Weg der Hingabe scheint ihnen ein Weg der ziellosen Selbstbefriedigung.

Die Wanderer der Hingabe verstehen nicht die eiserne Beharrung der anderen. Sie halten den anderen Weg für abgehoben, hart und aussichtslos. Der Weg des Willens scheint ihnen ein Weg der fruchtlosen Selbstbekämpfung.

Die Wege entspringen inneren Haltungen und natürlich überlieferten Dogmen. Alles ist richtig und die Frage ist stets: Was ist richtig für mich?

Wer sich heute Rat von einem männlichen, weißen Erwachsenen holt - also jenen Personen, die die meisten So-macht-man-es-richtig-Bücher schreiben - wird meist auf den Pfad des Willens geführt. Stellvertretend für alle Sportler, die ihre Erfolgsgeheimnisse preisgeben, sagt Arnold Schwarzenegger: »Wenn du hart arbeitest und nach den Regeln spielst, steht dir dieses Land offen. Du kannst alles erreichen.« Seine »Regel Nummer 5« lautet daher: »Arbeite bis zum Umfallen!«

Er hat absolut recht, einfach deshalb, weil es für ihn selbst gestimmt hat. Und was hat das mit Ihnen zu tun, liebe Leserinnen und Leser? Kann man Regeln des Leistungssports, der immer mit Disziplin und Training zu tun hat, auf jedes Business und jede Lebenssituation umlegen? Wollen wir alle Leistungssportler sein, also unseren Geist und Körper in eine Höchstleistung zwingen, um dann im späteren Alter an den Folgeschäden zu laborieren? Wollen Sie den Körper und den Job von Arnold Schwarzenegger? Ist die russische Bodenturnerin von 15 Jahren, die vor einem Turnier von ihrem Trainer geschwängert wird, damit sie unter dem hormonellen Einfluss der Schwangerschaft einen zusätzlichen natürlichen Leistungsschub hat, ein Vorbild? Wie viel haben die Erfolgsfaktoren eines männlichen, weißen Erwachsenen, der als Österreicher in die USA ausgewandert ist, zum Beispiel mit einer weiblichen, alleinerziehenden Energetikerin aus Dubrovnik zu tun? Muss sie, die schon fast am Umfallen ist, noch bis zum Umfallen arbeiten, um ein Lebensziel zu erreichen?

Wichtig für VerwandlungskünstlerInnen ist es, die Wege zu kennen. Kenntnis von etwas zu haben ist essenziell. Es hebt den betreffenden Umstand aus dem Schleier des Unbekannten. Etwas zu kennen, heißt, es prüfen zu können, nicht aber, es anzuwenden. Oft ist es ja so, dass wir Regeln anwenden, eben weil wir sie nicht sehen können und wir uns ihrer nicht bewusst sind. Nur das, was im Licht steht, kann gesehen und gewogen werden. Darum sollten wir durchaus bestrebt sein, von Sokrates' Torte möglichst viel in das Segment des Bekannten überzuführen. Etwas zu kennen, eröffnet also überhaupt erst die Möglichkeit, es nicht anzuwenden.

Auch ich bin ein männlicher, weißer Erwachsener. Und alles, was ich hier schreibe, stimmt, weil es für mich gestimmt hat. Und ich will Ihnen meine Neigung auch nicht verschweigen: Ich bevorzuge beide Wege. Den Weg des Willens und den der Hingabe zugleich.

Friedrich Nietzsche steht mit seinem »Willen zur Macht« und der Aufforderung, das Beste aus sich herauszuholen, aufseiten des Willens und der Selbstüberwindung. Michel de Montaigne, dieser überaus liebenswerte Philosoph aus der späten Renaissance, propagiert hingegen die Hingabe und er wird uns im Zusammenhang mit der Hingabe an den Tod später noch begegnen. Und dass das eine kein Widerspruch zum anderen ist, sieht man daran, dass Nietzsche seinen Kollegen aus früheren Zeiten über alles geschätzt hat. »Mit ihm würde ich es halten, wenn die Aufgabe gestellt wäre, es sich auf der Erde heimisch zu machen«, meinte er in Richtung Montaigne.

Ich habe für mich die Erfahrung gemacht, dass ich ganz ohne Willen hilfloses und orientierungsloses Treibgut wäre. Willenlos könnte ich keine Bücher schreiben. Es gibt einen Abgabetermin. Der wird eingehalten. Oder er wird verschoben. Wenn man ihn zu oft verschiebt, erscheint das Buch nicht.

Ich habe einmal gedichtet:

Kannst das Leben und das Lieben
nicht verschieben.
Musst dir das Lieben und das Leben
heute geben.

Ich setze daher dank meines Willens Orientierungspflöcke in die Zukunft.

Und dann treibe ich los und schaue, dass die Richtung eingehalten wird. Ich treibe in voller Hingabe an das Jetzt, in gläubiger Offenheit für Begegnungen am Wegesrand. Ich lasse mich vom Leben, das in seiner Originalität und Fantasie größer ist als jeder Plan, den ein Mensch aushecken kann, überraschen.

Das ist mein Weg. Andere Menschen haben sicher mehr Begabung zu anhaltender Disziplin und Willensstärke. Ich mag da niemanden belehren oder korrigieren. Wichtig ist einzig die Kenntnis seiner selbst und die Fähigkeit, aus seinen Möglichkeiten im Hier und Jetzt die beste Brücke zu den Zielen in der Zukunft zu bauen. Finden Sie für sich die beste Assemblage aus Wille und Hingabe. Eines verspreche ich Ihnen: mit totaler Disziplin schaffen es nur Ausnahme-Exemplare. Mit totaler Hingabe auch.

In einem waren sich Nietzsche und Montaigne übrigens einig - es braucht Ekstase, um als Mensch entfacht zu werden. Die Ekstase ist das von uns gesetzte Leuchtfeuer in der Zukunft, das den Weg zum Ziel ausleuchtet. Solange es brennt und wir es anstreben, spielt es vielleicht keine große Rolle, wie wir darauf zu taumeln.

Einübung in die Ekstase

Ekstase? Das ist ein Begriff, der Pornofilmen und Kitschromanen vorbehalten zu sein scheint. Wer wagt es heute schon, sein Leben als ekstatisches Ereignis zu verstehen? Wir haben keine Kultur des Außer-sich-Geratens, wiewohl die Raupe nur, wenn sie »außer sich gerät«, zum Schmetterling werden kann. Ekstase und Transzendenz scheinen heute einigen Auserwählten vorbehalten, die im Bereich der Kunst, der Religion oder des Wahnsinns anzutreffen sind.

Doch der Mensch ist per se ein Auserwählter, weil er die Möglichkeit hat, Ekstase überhaupt erfahren zu können. Das ist keine Selbstverständlichkeit. Die Fähigkeit zur Ekstase ist ein biologisches Geschenk, das uns Menschen gegeben wurde. Wir können die Grenzen zwischen Außenwelt und Ich aufheben, was man landläufig »Bewusstseinserweiterung« nennt. Wir können Visionen haben. Tiere können das nicht.

Nur wer Visionen hat, kann sich »Unglaubliches« vorstellen, und nur wer sich Unglaubliches vorstellen kann, kann es auch erreichen. Eine Vision ist ein attraktives Zukunftsbild, das außerhalb der gegenwärtigen Erfahrungen liegt. Kein Tier, auch nicht unser nächster Verwandter, der Affe, kann sich so etwas vorstellen. Kein Affe träumt davon, etwas zu tun, was nichtaffenartig ist. Der Mensch dagegen kann Nichtmenschliches realisieren. Er kann fliegen, sogar in den Orbit, in tiefste Tiefen tauchen und in unwirtlichen Gegenden überleben. Der Mensch vermag das Unglaubliche.

Mit diesem unglaublichen biologischen Geschenk können wir ganz gewiss auch jederzeit unseren privaten und beruflichen Alltag neu denken.

Wenn wir uns den Erfolg der viel bewunderten griechischen Antike anschauen - bekanntlich Wiege der abendländischen Kultur - werden wir die Entdeckung machen, dass Vernunft nicht alles ist. »Die Griechen erkannten am Phänomen der Ekstase, dass die Seele [...] sich in ihrer wahren Natur nur ›außerhalb des Leibes‹ offenbaren kann«, analysierte Bertrand Russell in seinem berühmten Standardwerk über die »Philosophie des Abendlandes« und stellte fest, dass die Verbindung von Leidenschaft und Verstand die Größe der griechischen Antike ausmachte: »Keines von beiden allein hätte die Welt für alle Zukunft so verwandeln können, wie sie es im Verein taten.« Die Alten Griechen hatten wohl den epikureischen Grundsatz des Maßhaltens, waren aber »unmäßig in allem - im reinen Denken, in der Dichtkunst, in der Religion und in der Sünde.« (Russell) Das Miteinander von Philosophie und bacchantischen Festen war das Erfolgsgeheimnis. Bei den dionysischen Festen wurden oft Masken getragen, um symbolisch die Auflösung des »Ich« zu begehen.

Verstand und Leidenschaft

Alle Erkenntnis und Spiritualität fußt auf Ekstase. Die ganze Natur ist ein Schauspiel an Ekstase und Lebenskraft, zumal im Frühjahr, wo klar wird, dass es im Leben nur und ausschließlich um Fortpflanzung im wörtlichen und übertragenen Sinn geht. Alles ist auf Werden und Entwickeln ausgerichtet. Jede Erfindung des Menschen, jedes Gedicht und jede weitreichende Handlung werden von der Kraft des Eros getrieben, von der Lust zu erschaffen und zu bewegen.

Wenn die Vorwärtsbewegung in die Veränderung nur in einem Wagen geschehen kann, der auf den zwei Rädern »Leidenschaft« und »Verstand« fährt, dann fahren wir bloß im Kreis, wenn eines der beiden Räder einen Platten hat.

Das Außer-sich-Geraten ist nicht Ergebnis einer Rechenaufgabe. Es ist ein Seelenwerk, eine Herzensangelegenheit. Sich entflammen zu lassen braucht Mut, denn wir müssen Kontrolle aufgeben und uns hingeben und fallen lassen. Vielen fällt das schwer. Wir kennen das, wenn ein Gedicht, ein berufliches Projekt oder ein sexueller Akt gelingen, weil man gelernt hat, wie es geht. Und wie anders es ist, wenn man in den berühmten Flow kommt. Der Flow ist nicht technisch erzeugbar, er geschieht in der Hingabe. Er widersetzt sich meist jeder Technik, folgt keiner Anleitung oder gelernten Handgriffen.

Vielleicht müssen wir bei der Kehrseite der Medaille beginnen. »Die Leere ist die Bedingung für die Ekstase«, notierte der radikale Philosoph Cioran. Wir müssen erst leer werden, um uns anfüllen zu können. Wenn wir ekstatisch verkümmert sind, dann können wir dieses verlorene Gefühl mit Leere und Stille wieder aufpäppeln. Die Stille ist zwar ebenso ungewohnt wie die Ekstase und wir sind ihrer entwöhnt, aber sie ist nicht verboten. Man kann sich ihr in vollem Einverständnis mit Familie und Arbeitgeber widmen, Auszeiten beanspruchen, sich auf Berghütten zurückziehen oder Fastenkurse besuchen. So kommt man wieder in Kontakt mit sich selbst, seinen Gefühlen, seinen Bedürfnissen, seinem Wollen, dem kleinen Glutnest der Ekstase. Dann kann man endlich wieder richtig wünschen, anstatt bloß Lottoscheine auszufüllen.

RESÜMEE

▶ *Der Mensch kann Ekstase spüren und Visionen haben (Tiere können das nicht).*

▶ *Ekstase ist der Schlüssel zur Veränderung. Die Hingabe erfordert Mut.*

▶ *Wenn wir Ekstase wieder lernen wollen, dann müssen wir zuerst »leer« werden und in die Stille gehen.*

Die unvorstellbare Zukunft

Können Sie sich persönliche Veränderung überhaupt vorstellen? Können Sie im Meer der Möglichkeiten baden? Können Sie träumen, fantasieren, sich lustvoll dem Unmöglichen hingeben?

Das sind keine banalen rhetorischen Fragen, wie meine Erfahrung (auch mit mir selbst) zeigt. Wir alle haben eine bedauerliche Sehschwäche auf dem visionären Auge und müssen erst wieder Sehtests und Übungen des Schauens durchführen, damit wir in die Ferne blicken können. Unser Blick, in die lichtvolle Zukunft gerichtet, ist geblendet, schweift ab auf die Kieselsteine vor den Füßen und sagt zu jenem Boden, auf dem wir schon stehen: Da geh ich hin! Die Zukunft, die wir uns vorstellen können, ist gerade einmal einen Schritt entfernt und sie ist meist leider düster. Wir alle sind tendenziell rückwärtsgewandte Pessimisten.

Wir verbringen viel Zeit mit dem, was nicht geht

Immer wieder lade ich auf Seminaren und Workshops Menschen in Form von Gesprächsrunden, World-Cafés oder anderen Kreationstechniken ein, ihrer Fantasie freien Lauf zu lassen und sich eine schöne Zukunft auszumalen. Wie wollen wir leben? Was wollen wir? Wie sollen die Ökonomie, die Politik, die Bildung, die Familie und alles andere, was uns lebenswichtig ist, denn sein? Ich lade ein, die Ideen zu sammeln und dann vor der Gruppe zu präsentieren. Jeder Gedanke ist erlaubt, alles ist möglich. Das Leben ist hier ein Wunschkonzert.

Diese Chance wird stets begeistert wahrgenommen, es wird diskutiert und gesammelt. Und dann kommt ein ernüchterndes Ergebnis. Da ist wenig Neues und Schöpferisches, es gibt eine hohe Lebendigkeit im Prozess, aber eine verhaltene Qualität im Ergebnis. Was passiert?

Die Leute verwenden einen Großteil der Zeit in der Diskussion oder in der Kreativarbeit am Flipchart darauf, festzuhalten, was sie nicht mehr wollen. Auf den Präsentationscharts gibt es eine längere Spalte von Zukunftsszenarien, die niemand will, die aber wahrscheinlich - leider, leider - eintreten werden. Der große Crash wird kommen, die Weltkonzerne übernehmen die Macht, die Menschen werden zunehmend entmündigt, wir stehen am Rande der Apokalypse, der Pfeil der Vernichtung ist abgefeuert und wir wissen bloß noch nicht, wo er trifft ... und so weiter.

Nach all dem hatte ich nicht gefragt, aber die Menschen sind besessen und besetzt von dem, was ihnen Angst macht. Die Apokalypse ist uns näher als das Paradies. So verschwenden die Menschen in den Workshops (und wohl auch im Leben) viel zu viel der verfügbaren Zeit auf all das, was nicht geht.

Sagt man uns: »Mal ein Bild!«, sind wir grenzenlos schöpferisch. Sagt man uns: »Mal ein Bild deiner Zukunft!«, knickt die Fantasie ein wie ein nasses Laugenbrezel. Da versiegt der Strom der Kreativität in der Wüste des vermeintlich Unausweichlichen. Da werden wir plötzlich zu »Realisten«.

Die Zukunft ist origineller als unsere Vorstellung von ihr

Wir schreiben Bücher, drehen Filme, malen, erfinden ... unfassbar schöpferisch, weil wir uns hier an keinen Rahmen gebunden fühlen. Vielleicht ist somit die Kunst der letzte Ort, wo Zukunft gestaltet werden kann. Dort regiert nicht das Machbare. So kommt es, dass utopische Romane und Filme oft mehr über die Realität wissen als politische Visionsarbeit. Der Mensch kann sich, sobald es um die Realität geht, das Unmögliche nicht vorstellen. Aber ist nicht oft das Unmögliche plötzlich Realität? Nicht nur die Kunst, sondern das Leben selbst beschenkt uns mit scheinbar Unmöglichem. Die Zukunft ist stets origineller als unsere Vorstellung von ihr.

Ich erinnere mich, von der Zusammenkunft kluger Köpfe der RAND Study (ein US-Think-Tank, der regelmäßig zu unterschiedlichsten Themen Studien erstellt) Mitte der 1980er Jahre gehört zu haben, bei der die Frage nach politischen Zukunftsszenarien gestellt worden war. Die Nobelpreisträger und Professoren, Wissenschaftler und Gelehrten machten sich erfreut an die Arbeit und lieferten eine Fülle von Visionspapieren ab. In keinem einzigen der vielen Papiere kam eine Welt ohne Sowjetunion und ohne die geteilte Stadt Berlin vor. Die gewohnte politische »Realität« wurde als unverrückbar angesehen und rundherum wurde kreative Behübschung gedacht. Kurz darauf war die Realität kreativer als die Visionskraft der Zukunftsforscher. Am 9. November 1989 fiel die Berliner Mauer, am 31. Dezember 1991 löste sich die Sowjetunion auf.

Experte zu sein heißt nicht, sich mit Tatbeständen abzufinden und sein Wissen darauf zu beschränken, was alles nicht geht. Realitätssinn ist eine wunderbare Fähigkeit, doch ohne frische Zufuhr von Zukunftsträumen mündet er in Langeweile, Nüchternheit und Resignation.

»Bringt das auch Geld?«, fragt mein Vater immer, wenn ich etwas Neues beginne, »du weißt, ich bin Realist.« Wenn das die Frage des menschlichen Realismus ist, müssen wir zwingend Utopisten werden. Wir wissen nie, ob etwas Geld bringt, aber wir wissen immer, ob es für etwas zu leben lohnt. Diese Frage gilt es zu beantworten. Geld ist die Währung der Ökonomie, Enthusiasmus[5] die Währung des Lebens.

Wenn wir Experten für uns selbst werden wollen, was ja VerwandlungskünstlerInnen zu eigen ist, sollten wir vielleicht einmal pro Tag das denken, was wir sonst nicht zu denken wagen.[6] Wagen Sie es einfach, so originell zu sein, wie das Leben tatsächlich ist!

Wenn das Leben an sich so viel origineller und kreativer ist als unsere Vorstellung davon, was bedeutet das dann für den Begriff »Realismus«? Wir bezeichnen uns heute als Realisten, wenn wir an das glauben, was gestern funktioniert hat. Damit ist »Realismus« bloß ein Euphemismus für eine Konservierungsattitüde.

Evolution, Weiterentwicklung, Veränderung in allem ist derart evident, dass es unnatürlich wäre, sie nicht in realistische Überlegungen einzubeziehen. Der Realismus beinhaltet die Kenntnis von der Unglaublichkeit der Zukunft.

ÜBUNG

»Unglaublich!«, »Wer hätte das gedacht?«, »Ich hätte nie geglaubt, dass ...«! Dies oder Ähnliches haben Sie sicher schon einmal gedacht, auch in Zusammenhang mit Ihrem eigenen Leben und Ihrem nächsten Umfeld. Nehmen Sie sich kurz Zeit, um sich an das Unglaublichste in Ihrem Leben zu erinnern. Was war das? Wann war das? Wie oft ist dergleichen passiert? Führen Sie eine Zeitlang ein Tagebuch des Unglaublichen. Dort tragen Sie nur Ereignisse aus Ihrem Alltag ein, die Sie nicht für möglich gehalten hätten.

Die überbewertete Vergangenheit

Alles, was wir kennen, ist die Vergangenheit. Folglich leben wir aus der Erinnerung. Aus ihr bauen wir die Zukunft. Das ist logisch, wenngleich nicht ganz realistisch. An der Vergangenheit können wir nichts ändern, an der Zukunft schon. Wir geben der Vergangenheit zu viel Bedeutung, wenn es um die Planung der Zukunft geht. Die Vergangenheit behindert die Zukunft geradezu.

Wenn ich die einfache Zahlenreihe 1, 2, 3, ... aufschreibe und darum ersuche, mir zu sagen, was als nächstes kommt, werden Sie wahrscheinlich sagen, als nächstes komme 4. Ich zucke dann bedauernd meine Schultern und schreibe 0, und, um Ihnen den Blick in die Zukunft zu erleichtern, setze ich die Zahlenreihe fort. Sie lautet abermals 1, 2, 3, ... Was nun vor Ihnen liegt, lautet also 1, 2, 3, 0, 1, 2, 3. Ich frage nun, wie es weitergeht. Sie kommen ein wenig ins Grübeln, aber Sie haben natürlich die Logik erkannt. Es wird immer bis 3 gezählt und dann kommt eine 0.

Ich zucke wieder bedauernd meine Schultern und schreibe 1 als nächste Zahl auf - 1, 2, 3, 0, 1, 2, 3, 1 ... - und frage natürlich, was nun kommen mag. Aha, es geht also darum, dass immer bis 3 gezählt wird und jede vierte Zahl dann von 0 weg nach oben zählt. Die nächste Zahl wäre also eine 2.

Ich zucke bedauernd die Schultern und schreibe 3 als nächste Zahl auf - 1, 2, 3, 0, 1, 2, 3, 1, 1, 2, 3, 3, ...; jetzt erkennen Sie endlich die Regel. Es kommen an jeder vierten Stelle immer die ungeraden Zahlen. Doch Sie stutzen. Es könnten auch die Primzahlen sein. Wie geht es wirklich weiter?

Offen gestanden könnte es jede x-beliebige Zahl sein. Ich könnte auch völlig willkürlich plötzlich 2002^2 hinschreiben und die Zahlenreihe dann fortsetzen. Wenn ich etwa an jeder hundertsten Stelle 2002² hinschreibe, dann lernen Sie genau das: aha, an jeder hundertsten Stelle kommt 2002², und Sie machen eine entsprechende Vorhersage.

Je mehr Vergangenheit die Zahlenreihe hat, desto sicherer werden Sie werden. Sie haben einfach mehr Daten, auf die Sie sich stützen und die Sie analysieren können. Sie werden mit Ihrer Prognose irgendwann richtig liegen. Und Sie werden mehrfach richtig liegen. Sie haben also ein gutes Stück Zahlenreihe vor sich und einige richtige Prognosen. Sie werden sehr zuversichtlich werden, was die Zukunft betrifft. Sie werden mit jeder richtigen Prognose bestärkt darin, etwas verstanden zu haben.

Doch was ich wirklich als nächstes hinschreibe, können Sie niemals wissen. So spiele ich die unbestimmbare Zukunft, und Sie versuchen, Sie zu entschlüsseln. Das können Sie aber nicht, weil ich in meiner Rolle als »Zukunft« überraschende Wendungen machen kann. Ich halte mich an ein System, gewiss, doch das erschließt sich Ihnen immer erst retrospektiv. Erst wenn ich etwas auf das Papier geschrieben habe, ist es logisch. Davor ist es komplett unklar.

Irgendwann müssen Sie einsehen, dass Sie erstens überhaupt keine Ahnung haben, was als nächstes kommt, und dass zweitens das, was gekommen ist, absolut logisch ist. Dann haben Sie etwas von Veränderung verstanden. Die Zukunft ist völlig unerwartet und absolut logisch zugleich.

Der Möglichkeitsraum Zukunft

Wenn Sie die Entwicklung einer sehr erfolgreichen Firma betrachten, die sehr innovativ ist und Neues wagt, werden Sie es für logisch halten, dass Innovationsgeist zum Erfolg führt. Sollte dieselbe Firma aber nicht erfolgreich sein und einen spektakulären Konkurs anmelden, werden Sie auch das für logisch halten. Ganz klar, dass diese Firma in Konkurs gehen musste, wo sie doch zu viel gewagt hat. Das konnte ja nicht gut gehen.

Desgleichen können Sie eine sehr konservative Firma betrachten, von denen es eine Menge gibt, und deren Erfolg oder Misserfolg ebenso logisch kommentieren. Die haben es richtig gemacht, weil sie auf das gesetzt haben, was immer schon Bestand hatte. Sie haben es leider verbockt, weil sie einfach den Zug der Zeit verschlafen haben. Beide Analysen sind logisch und werden Ihnen gewiss Applaus einbringen.

Als Kommentator der Vergangenheit hat man immer die Logik auf seiner Seite und kann argumentativ auftrumpfen. Alles ist nämlich rückblickend logisch. Einfach deshalb, weil es möglich war. Das, was möglich war, ist auch logisch.

So wissen wir immer, was möglich und damit logisch war, weil es uns die Geschichte als Faktum vor die Füße wirft. Blöderweise wissen wir aber niemals, was möglich und damit logisch sein wird. Wir haben zwar einen Baukasten an Gesetzmäßigkeiten, aber keinen Überblick über die Kombinationsmöglichkeiten dieser Gesetze. Das Leben ist stets kreativer als unsere Annahme davon, wie Leben sein kann.

Wenn wir daher mit dem Potenzial des Lebens halbwegs mithalten wollen, dann sollten wir aufhören, der Vergangenheit allzu viel Bedeutung bei der Gestaltung der Zukunft beizumessen.

Die Vergangenheit ist vorbei! Die Zukunft aber ist offen! Sie ist ein fast unendlicher Möglichkeitsraum, den wir nicht annähernd würdigen, wenn wir immer nur die bekannte Vergangenheit als Maßstab verwenden.

Loslassen, was nicht funktioniert

Die Beharrlichkeit, mit der wir uns an der Vergangenheit festkrallen, nimmt bedauerlicherweise in dem Maße zu, in dem wir eine schlechte Investition getätigt haben. Ich kenne das aus meiner Zeit als Kommunikationsberater großer Firmen. Manchmal bringen Werbekampagnen oder unternehmerische Investitionen nicht das, was man sich vorgestellt hat. Dann darf man die Angelegenheit zu Grabe tragen. Ich selbst habe mich von einigen Fehlentscheidungen verabschieden müssen. Ein interessantes Phänomen führt aber dazu, dass wir gerade dann, wenn etwas eine Fehlentscheidung war, beharrlich bleiben. »Jetzt haben wir schon so viel in diese Maßnahme investiert, jetzt können wir nicht aufhören!«, heißt es dann.

Ich erinnere mich, einmal ein recht umfangreiches Buch gelesen zu haben, dessen Thema mich zwar interessierte, das ich aber ziemlich langatmig fand. Über 300 Seiten lang habe ich mich gequält. Warum ich denn das Buch nicht einfach weglege, fragte mich ein Freund. »Jetzt habe ich schon so viele Seiten gelesen!«, empörte ich mich. Und dann lachte ich, weil ich mich ertappt hatte. Nur weil ich so viel davon gelesen habe, heißt das nicht, dass ich den Rest noch lesen muss. Ich legte das Buch schließlich kurz vor dem letzten Kapitel zur Seite, was meine Lebensqualität deutlich anhob.

Wir ziehen unverträgliche Angelegenheiten – von Investitionen am Finanzmarkt bis zu Liebespartnerschaften – einfach deshalb unendlich in die Länge, weil wir uns nicht nachsagen lassen wollen, unendlich viel Zeit, Nerven, Geld oder alles gemeinsam versenkt zu haben. Und je mehr wir daran festhalten, desto mehr versenken wir natürlich. Rolf Dobelli erwähnt in seinem Buch »Die Kunst des klaren Denkens«, dass der Vietnamkrieg mit genau dieser Begründung fortgeführt worden ist: »Wir haben das Leben so vieler Soldaten für diesen Krieg geopfert, es wäre ein Fehler, jetzt aufzugeben.« Er nennt das den »Fluch der versenkten Kosten«. Wir haben Geld (oder andere Werte) versenkt, und weil wir uns das nicht eingestehen wollen, versuchen wir sie wiederzugewinnen, obwohl wir insgeheim wissen, dass wir noch mehr verlieren.

Wir wollen uns keine Fehler eingestehen und setzen sie deshalb fort. VerwandlungskünstlerInnen wissen, dass bereits getätigte Investitionen für die Zukunft unbedeutend sind und dass das Loslassen die größte Freiheit für eine angenehme Zukunft bedeutet. Denn: Die Vergangenheit ist vorbei!

RESÜMEE

► *Wir wünschen uns alle eine tolle Zukunft, sind aber unfähig, sie uns vorzustellen.*

► *Wir verbringen zu viel Zeit mit dem, was wir nicht mehr wollen.*

► *Die Zukunft ist stets origineller als unsere kühnsten Visionen.*

► *Wir hängen zu sehr an der Vergangenheit und glauben, dass alles so wird, wie es einmal war.*

► *Wir hängen umso mehr an der Vergangenheit, je schlimmer sie war.*

► *Wichtige Erkenntnis: Die Vergangenheit ist vorbei. Die Zukunft ist offen.*

Vision – die Manifestation der Ekstase

Hören Sie den Ruf? Jene Stimme in Ihrem Innersten, die nach Ihnen ruft? Sie will, dass Sie sich auf den Weg machen und dieser Stimme folgen. Diese Stimme sagt Ihnen ganz genau, wofür Sie hier auf dieser Welt sind und wofür es sich zu leben lohnt. Manche Menschen hören »den Ruf« ganz klar und deutlich schon in frühester Kindheit, manche öffnen ihre Ohren erst später. Wer diesen Ruf des Lebens gehört hat, weiß, was zu tun ist. Jede Faser des Körpers strebt danach, dem Ruf zu folgen. Das Leben wird dadurch leicht, weil völlig klar ist, wo es hingeht. Natürlich gibt es Hindernisse und Umwege, aber niemals eine Frage über die Richtung. Es herrscht völlige Klarheit.

Die innere Stimme

Viele Menschen kennen »den Ruf« nicht, haben ihn nicht gehört. Noch nicht. Ich bin überzeugt, dass jeder Mensch mit dieser Stimme auf die Welt gekommen ist, mit jenem einzigartigen Geschenk, das nur dazu da ist, sich zu entfalten und der Welt gegeben zu werden. Wir halten es nur verschämt zurück, schätzen und würdigen es nicht. Wir hören wohl die Stimme und fühlen das Brennen, halten es aber für eine Marotte, für unwichtig, bedeutungslos, drücken es nieder mit moralischen Mühlsteinen. Ich doch nicht. Nicht jetzt. Zuerst noch dies und noch das.

Ist es nicht interessant, dass wir stets genau das für bedeutungslos halten, was uns Freude macht und uns leicht von der Hand geht? Eben diese Leichtigkeit führt dazu, dass wir es nicht beachten, weil wir gelernt haben, dass Leistung und Erfolg wehtun müssen. Wir sind verstrickt in kulturelle Glaubensmuster und unsere Kultur ist geprägt von Tausenden Jahren Katholizis-

mus, einer Weltanschauung des Leidens. Das Kreuz, ein Folter-
instrument, wird als Symbol der Liebe verehrt. Das brennende
Herz blutet, eng gegürtet von einer Dornenkrone. Beichte und
Buße und Schuld, ganz viel Schuld bestimmen das Denken. Wir
leben nicht mehr im Mittelalter, aber wir haben diese Denkweise in jeder Zelle unseres sozialen Organismus abgespeichert.
Wir müssen das langsam über Generationen hinweg ausschei-
den, abatmen, transformieren.

Es gibt keine Schuld. Es gibt nichts, wofür wir uns schämen
müssen. Schon gar nicht für das, was wir können und der Welt
schenken wollen.

Hören Sie auf den Ruf. Die Stimme ist gewiss da und wenn Sie
still sind und die Ohren spitzen, spüren Sie, wie Sie davon erfüllt sind.

Währenddessen können Sie die Zeit damit zubringen, Ihre
Visionen zu pflegen. Wenn Sie im Moment »den Ruf« nicht hören, so haben Sie gewiss schon Visionen gehabt. Eine Vision ist
das schönstmögliche Zukunftsbild Ihres Lebens. Jeder hat solche Traumbilder. Bilder, über die wir schmunzeln und in denen
doch tiefes Begehren steckt. Auch die Visionen sind vom Tod
durch Nichtbeachtung und Verächtlichmachung bedroht. Aber
wenn wir aufhören, die Vergangenheit zu verherrlichen und die
Zukunft nicht mehr nur als öde Fortsetzung eben jener Vergangenheit betrachten, dann wird es Zeit für ein anderes Denken,
ein ekstatisches Denken. Alles, was ab sofort zählt, ist das Brennen, die Ekstase.

Die Vision festhalten

Also, los geht's. Die Ekstase versorgt uns mit Ideen und Ent-
scheidungsoptionen, die wirklich zählen. Es geht bloß darum,
das brodelnde ekstatische Erleben etwas abzukühlen und daraus eine Vision zu formen und die glutheiße Vision noch etwas
weiter herunterzukühlen und zu Zielen zu formen. Das Feuer
der Ekstase wird in Form gebracht, so wie Tausende Volt elektri-

scher Spannung, die jedes elektrische Gerät vernichten würden, stufenweise von der Hochspannung heruntergepegelt werden, bis man seinen Harfön an der Steckdose anstecken und seine Haare trocknen kann.

So wie wir 100.000 Volt alltagstauglich für den Haarfön machen, können wir auch Visionen erreichbar machen. Man muss nur ein paar Umspannwerke anlegen. Der erste Schritt besteht darin, die Träume zuzulassen und ernst zu nehmen. Der zweite Schritt ist ein erstes Outing. Erzählen Sie die Vision Ihrem Partner, Ihrer Partnerin, guten Freunden, wohlwollenden Menschen in Ihrer Umgebung. Holen Sie sich Sicherheit vor befreundetem Publikum. Dann ist es Zeit, die Vision zu formulieren, also in Form zu bringen. Formen Sie ein Abbild. Zeichnen Sie es, schreiben Sie es auf mit allen möglichen Einzelheiten. Und gehen Sie dabei wirklich dem Feuer nach und nicht den »Möglichkeiten«. Wenn man den Kopf eine Vision formulieren lässt, wird sie meist klein und »realistisch«, wenn man das Herz formulieren lässt, wird sie groß und - real.

Es braucht diese Manifestation. Das, was wir wollen, will dargestellt werden, damit wir uns erinnern können. Tun wir das nicht und belassen wir es beim Traum, so verweht er und pocht irgendwann als Schmerz in der Erinnerung.

ÜBUNG

Tun Sie es jetzt. Schreiben Sie Ihren Traum auf. Ihre Vision. Formulieren (oder zeichnen) Sie das schönstmögliche Zukunftsbild. Keine Zurückhaltung! Ganz wichtig ist dann, dass Sie das Visions-Papier mit Würde behandeln. Versehen Sie das Papier mit einem schönen Rahmen und hängen Sie das Bild zuhause auf, am besten im Wohnzimmer. Erfreuen Sie sich daran.

Ein Moment des Innehaltens

Zur Verwandlung gehört das Innehalten, die Pause mitten in der Erregung. Verwenden Sie nun eine angemessene Zeit, die Vision auf Sie wirken zu lassen. Es ist der Zeitraum der Verinnerlichung. Zwischen dem Ist-Zustand und dem Soll-Zustand der Vision entsteht nun eine Spannung, und sie wird ihre Wirkung entfalten. Spannung will gelöst werden. Jede Vision erzeugt eine »kreative Lücke«, wie der Managementberater Peter Senge es formuliert, die zu ziehen beginnt. Die Lücke zwischen Ist und Soll ist deshalb »kreativ«, weil nun alle Kräfte des Menschen fantasievoll zusammenarbeiten, um sie zu überbrücken. Das Leben strebt immer nach Entspannung und folglich zieht alles hin zur Vision, bis sie erreicht und die Spannung aufgehoben ist.[7]

Im nächsten Schritt filetieren Sie die Vision zu Zielen. Auch mit einem Bärenhunger lässt sich die Kuh schließlich nicht im Ganzen verspeisen. Eine Vision ist der Leuchtstern am Firmament, ein Ziel ist die Laterne an der nächsten Kreuzung. Da ist Licht, die Distanz ist überschaubar. Wenn man auf einen hohen Berggipfel will, muss man dazwischen einige Camps einplanen. Das Ziel, das erste Basislager zu erreichen, ist sehr vernünftig und es ist klug, es anzustreben. Das wirkliche Ziel ist natürlich der Gipfel. Der zieht wie ein Magnet.

Wenn Sie die Vision haben, einmal als Popstar auf der Bühne zu stehen, so ist daran nichts Lächerliches. Es gibt ja zuhauf Popstars, die auf Bühnen stehen. Also, warum nicht auch Sie? Als erstes Ziel könnten Sie einmal ein Musikinstrument lernen, Karaoke singen oder ein Wohnzimmerkonzert für Freunde geben. Stimmen Sie die Saiten. Jetzt.

Martin Luther King sagte in seiner berühmten Rede unablässig »I have a dream« und nicht »I have an aim«. Es ist der Traum, der fasziniert, niemals ein Ziel – so wichtig es auch sein mag.

RESÜMEE

- *Hören Sie auf den Ruf des Lebens. Eine Stimme im Inneren sagt Ihnen ganz genau, was Ihr Auftrag in dieser Welt ist.*
- *Sie haben Träume, Visionen. Geben Sie ihnen eine Chance. Bringen Sie sie in Form: Zeichnen Sie sie, schreiben Sie sie auf.*
- *Würdigen Sie das Ergebnis, z. B. eine Zeichnung: Lassen Sie sie rahmen, hängen Sie sie im Wohnzimmer auf.*
- *Zerlegen Sie die Vision in Häppchen, denn wir können nicht, wie die Comic-Figur Hulk, Riesensprünge über diese Welt machen; aber wir können pilgern! Schritt für Schritt. Einfach losgehen. Jetzt.*

Der Sumpf des Alltags

Was soll Sie jetzt noch hindern, das Tor zu durchschreiten? Es steht offen. Sie haben gewählt. Ja, Sie gehen da hindurch. Sie wissen, wo Sie sind und wo Sie hinwollen. Alles sieht einfach aus. Na dann, wohlan, jetzt den Schritt setzen. Vorher noch die Kleidung richten. Sind die Fenster auch geschlossen, ist der Pudel versorgt, der Knopf angenäht? Noch ein Blick ins Internet, auch auf jene Seiten, die nicht so interessant sind, sicherheitshalber. Ach, die Oma anrufen! Wie, schon so spät? Morgen dann geht es los, ganz gewiss.

Herzlich willkommen im Sumpf des Alltags, dem ultimativen Schrecken aller Verwandlungswilligen. Tausende gute Absichten und Milliarden Visionen haben hier ihr stilles Grab gefunden, Lebenslust und Schaffenskraft liegen im Morast begraben und man sollte ihnen zu Ehren jenes »Arsenal der ungelebten Dinge« errichten, das Rainer Maria Rilke beschrieben hat:

> Ich denke oft: Schatzhäuser müssen sein,
> wo alle diese vielen Leben liegen
> wie Panzer oder Sänften oder Wiegen,
> in welche nie ein Wirklicher gestiegen,
> [...]
> Und wenn ich abends immer weiterginge
> Aus meinem Garten, drin ich müde bin, –
> Ich weiß: dann führen alle Wege hin
> Zum Arsenal der ungelebten Dinge.
> Dort ist kein Baum, als legte sich das Land,
> und wie um ein Gefängnis hängt die Wand
> ganz fensterlos in siebenfachem Ringe
> [...]
> und ihre Gitter sind von Menschenhand

Ja, die Gitter sind von Menschenhand, und der Verdacht liegt nahe, dass die eigne Hand mitgewirkt hat, das brennende Herz zu Grabe zu tragen. Wie kommt es nur, dass wir brennen, endlich brennen - und dann im Sumpf erlöschen?

Das Brennen selbst, das Ungestüm verursacht es. Die Ungeduld des brennenden Herzens steuert das Ziel unmittelbar an. Doch der direkte Weg zum ersehnten Ziel erweist sich oft als der unmögliche. Die Verwandlungswilligen sinken im ersten Schritt bis zu den Knöcheln in einem plötzlich morastigen Grund ein, im zweiten Schritt bis zu den Knien, dann bis zur Hüfte. Der Sumpf des Alltags zeigt seine Tücken.

Disziplin

Das erste Ungeheuer, das uns auf dem Weg der Veränderung begegnet, ist die Disziplin. Wie Sie aus einem früheren Kapitel dieses Buches schon wissen, habe ich ein ambivalentes Verhältnis zu ihr. Ich glaube nicht, dass wir mit ihr den großen Wandel vollziehen können. Disziplin erweist sich als große Tugend auf der Kurzstrecke, ist sie doch stets die bewusste Verordnung einer Anstrengung, einer körperlichen oder mentalen. Eine Anstrengung ist aber etwas, was wir nicht lange durchhalten können. Die Wirkung der Disziplin auf den ersten Metern ist enorm, doch sie nimmt ab, je länger die Wegstrecke wird. Da Veränderungsprozesse eher länger dauern, kommt man mit Disziplin nur zu Etappensiegen, aber kaum ans Ziel. »Disziplin ist wie das Ballen der Faust«, meint der Mystiker Osho. Aber wie lange kann man die Faust ballen? Drei Stunden? Drei Tage? Drei Wochen? Probieren Sie es einmal. Egal, ob Sie Muskeln anspannen oder den Geist - Sie halten das nicht lange durch, bei Weitem nicht lange genug für einen Veränderungsprozess. Arnold Schwarzenegger ist die Ausnahme, die Leute, die ich begleiten durfte, sind die Regel, ich selbst eingeschlossen.

Der Kampf gegen sich selbst

Wenn die Disziplin als Erstmaßnahme nachlässt, versuchen wir das angestrebte Ziel zu erzwingen. Wir beginnen einen Kampf gegen uns selbst, und das ist das sicherste Mittel, um in Manier Don Quixotes gegen Windmühlen anzureiten und die eigenen Kräfte zu ermüden. Wenn wir von anderen Menschen erwarten, dass sie gegen uns keine Kriege führen, warum wollen wir das dann gegen uns selbst tun? Wir wollen alles hin zu einem guten Leben wenden und beginnen es mit einem Kampf? Gegen uns selbst? Und dann verwenden wir gerne den Begriff des »inneren Schweinehundes«, würdigen uns also auch verbal herab. So, als säße in uns ein Dämon, auf den man nur eindreschen müsse, um ihn zur Besinnung oder zu einer Leistung zu bringen. Wie sind wir denn noch bereit, uns selbst zu benennen? Je deftiger und heftiger wir uns selbst beschimpfen, umso sicherer ist der Misserfolg.

Alkoholiker müssen laut dem berühmten 12-Punkte-Programm der Anonymen Alkoholiker lernen aufzuhören, gegen die Sucht und somit gegen sich selbst anzukämpfen und voll und ganz zu akzeptieren, dass sie ausgeliefert sind. Erst in diesem Moment der Hingabe und Akzeptanz ist Änderung möglich, wie Bill Wilson, Gründer der Anonymen Alkoholiker und selbst Alkoholkranker, betonte. Ich muss kapitulieren, indem ich anerkenne, »dass ich meinem eigenen Problem gegenüber machtlos bin. Ich glaube, dass nur eine Macht, die größer als ich selbst ist, die Gesundheit wiederherstellen kann.«[8] Der Anthropologe und Kybernetiker Gregory Bateson bemerkt, dass »die Erfahrung der Niederlage bereits der erste Schritt der Veränderung ist«. Solange man gegen sich selbst kämpft, spaltet man sich von seinem eigenen Problem ab und tritt mit hohem Aufwand auf der Stelle. Kampf ist niemals ein taugliches Mittel der Veränderung. Hören Sie auf, sich selbst zu beschimpfen und gegen sich selbst zu kämpfen.

Das gewohnte Umfeld

Im Sumpf des Alltags lauert vor allem das Bisherige! Die Gewohnheiten, das gewohnte Umfeld, die ausgetretenen Wege.

Individuelle Veränderung ist ein revolutionärer Akt, der vom Lebensumfeld - Familie, Freunde, Bürokollegen - als bedrohlich erlebt wird. Systeme neigen zur Selbsterhaltung und jede ungewohnte Bewegung eines Individuums irritiert das System.

So ist es etwa für Süchtige jeder Art unerlässlich, das System, in dem sie sich befinden, zu verlassen. Es ist schier unmöglich, in einem Umfeld, wo Alkohol zur Geselligkeit gehört, eine Zeitlang (oder gar für immer) mit dem Konsum von Bier, Wein oder Schnaps aufzuhören. Dieselbe Stammtischrunde, die vorher unter vielfachem Prost bestaunt und beklagt hat, wie viel sie nun schon wieder trinke, ist irritiert, wenn einer von ihnen plötzlich ausschert und offenbart, dass er heute bei Mineralwasser bleibt. Der Abtrünnige muss, wenn er dauerhaft bei Mineralwasser bleibt, mit zunehmender Verstörung, Verärgerung und schließlich Nötigung rechnen. Von ähnlichen Widerständen können alle berichten, die Vegetarier oder Veganer werden, plötzlich aufhören, einem bestimmten Dresscode zu folgen oder als erste einer Gruppe etwas erreichen, von dem in der Gruppe die Meinung herrschte, es wäre unerreichbar. Niemand von all jenen darf mit Applaus und Aufmunterung rechnen. Das Wesen der Sippe besteht im Bestand. Veränderung ist Abtrünnigkeit. Zu viel Veränderung würde den Sippenbestand gefährden und wird daher bekämpft. »Man kann das Sippenbewusstsein mit einem Eimer voller Krebse vergleichen: Sobald ein Krebs versucht, über den Eimerrand zu kriechen und zu fliehen, ziehen die anderen den Flüchtling immer wieder zurück«, notiert die Ärztin Christiane Northrup in ihrem Werk »Frauenkörper, Frauenweisheit«. Die Sippe konzentriert sich auf die Bewahrung des Kollektivs und unterbindet allzu auffällige Einzelinteressen.

Friedrich Nietzsche merkt an, dass jede Gruppenmoral »die allzu große Freiheit hassen lehrt und das Bedürfnis nach beschränkten Horizonten« fördere. »Die Verengung der Perspektive, und also in gewissem Sinne die Dummheit«, werde zu einer Lebens- und Wachstums-Bedingung. »Alles, was den Einzelnen über die Herde hinaushebt und dem Nächsten Furcht macht, heißt von nun an böse.«

Wenn eine Gemeinschaft von »Liebe« spricht, meint sie in Wahrheit »Loyalität«. So kann es geschehen, dass individuelle Veränderung als unmoralisch und abartig stigmatisiert und aktiv unterbunden wird. Systeme sind sehr mächtig. Paul Watzlawick und seine Palo-Alto-Gruppe haben gezeigt, wie Familien mit schizophrenen Familienangehörigen alles tun, um den ursprünglichen Zustand der Krankheit wiederherzustellen, sobald bei dem betroffenen Familienmitglied eine Besserung eintritt. Die gewünschte Verbesserung wird unterschwellig als Bedrohung erlebt. Daher wurde es in solchen Fällen als notwendig erachtet, nicht nur eine Therapie der Einzelperson, sondern eine Familientherapie einzuleiten.

Schuldzuweisung

Die Hohe Schule der Disziplinierung lernen Verwandlungswillige dann kennen, wenn ihnen Schuld umgehängt wird. Die Schuld ist eine schwere Last und es kann sein, dass man sie zu tragen bekommt, wenn man sich auf den Weg in die Veränderung macht. Schuld woran? An diesem und jenem, was sich eben gerade dafür eignet. Es passiert andauernd so viel im Leben der Menschen, Angenehmes und weniger Angenehmes, dass sich immer etwas finden lässt. Die Diabetes-Diagnose der Großmutter, die schlechten Lernerfolge der Söhne, der Zusammenbruch des Geschirrspülers – alles Geschehnisse auf dem normalen Lebensweg, die sich ereignen, weil sie wahrscheinlich sind und üblicherweise unter »Schicksal« verbucht werden. Ist da aber jemand, der sich in der Gemeinschaft gerade auffällig gebärdet, so kann es leicht passieren, dass die genannten Ereignisse mit dieser Person in ursächlichen Zusammenhang gestellt werden. Das passiert ebenso schnell wie simpel: »Es ist ja kein Wunder, dass die Oma Diabetes hat, wenn du dich so benimmst«, »Natürlich lernen unsere Söhne schlecht, wenn sich ihr Vater/ihre Mutter gerade so aufführt«, »Jetzt streikt auch noch der Geschirrspüler. Was will dir das sagen?« Logik spielt bei all dem keine Rolle, entscheidend ist die Wirkung, und die wird kaum verfehlt, wenn solche Sätze von unmittelbaren Bezugspersonen mit Überzeugung vorgetragen werden.

Ein Freund von mir, der gerade seine Familie mit einigen fundamentalen Veränderungsvorschlägen in Aufruhr versetzt hatte und sich daraufhin mit massiven Schuldzuweisungen konfrontiert sah, kommentierte das launig: »Wenn ich jetzt für den Herzinfarkt von meinem Papa verantwortlich bin, heißt das also, dass ich absolute Macht über seine Gesundheit habe. Dann müsste er mir aber auch dankbar sein, wenn es ihm gerade gut geht.« So humorvoll bekommt man den Umgang mit Schuldzuweisungen nicht immer hin.

Bei der Verknüpfung von zwei unzusammenhängenden Ereignissen geht es um Disziplinierung und Erleichterung. Es ist selbst für Erwachsene oft erstaunlich schwierig, Verantwortung für ihre Handlungen zu übernehmen, und so suchen sie Erleichterung, indem sie jemand anderem die Schuld für ihr eigenes Handeln geben. Wenn dann noch Ereignisse wie eine ungünstige gesundheitliche Diagnose eintreffen, so ist es zumindest erfreulich, sie eindeutig einer Ursache zuschreiben zu können, anstatt sie vage als schicksalhaft bezeichnen oder sie den eigenen Lebensumständen zuschreiben zu müssen.

Wir können unser Verhalten nicht ändern

Der Sumpf des Alltags ist also kein guter Nährboden für Pflänzchen der Veränderung, und oft braucht es gar nicht die moralische oder reale Bedrohung von außen. Der Mensch selbst, der seinen Wunsch in den Alltag trägt, sieht ihn zunehmend auch ohne fremdes Zutun verblassen und sich im Nebel von Selbstzweifel und Angst auflösen. Wir sind jener Krebs, der fliehen will und jener, der den Flüchtling zurückzieht, gleichermaßen. Der Sumpf des Alltags, in dem wir so lange geschwommen sind, hat Spuren in uns hinterlassen. Christiane Northrup erzählt von einem Versuch, bei dem Kätzchen in Käfigen und Räumen großgezogen wurden, in denen es nur horizontale und keine vertikalen Linien gab. Als man sie dann als erwachsene Katzen freiließ, liefen sie in alles hinein, was vertikal war. Sie konnten es im buchstäblichen Sinn nicht sehen. So haben auch wir Menschen anerzogene Sehschwächen. »Frauen, die als Kinder misshandelt [...] worden sind, werden mit großer Wahrscheinlichkeit auch als Erwachsene häufiger misshandelt oder missbraucht als andere. Sie sind auf Missbrauch programmiert und haben Schwierigkeiten, liebevolle Menschen und Umgebungen zu erkennen.« (Northrup) Das Zentralnervensystem wählt aus der Überfülle der täglichen Reize jene aus, welche die bereits vorhandenen Meinungen, die wir von uns haben, und Muster, über die wir verfügen, bestätigen. Vielleicht müssen wir vor dem Losmarschieren in die goldene Zukunft daher akzeptieren, dass wir von unsichtbaren Kräften getrieben sind und unser Verhalten gar nicht ändern können.

Ich habe in meinem Leben einige Firmen beraten und begleitet und immer wieder erlebt, dass die Notwendigkeit einer Veränderung erkannt wird, die Firmen aber an der Änderung scheitern. Sie gehen ambitioniert an die Sache heran, es werden erste aufmunternde Erfolge erzielt, dann gerät die Sache etwas ins Stocken, es folgt ein erneutes Aufflammen und dann - sind alle erschöpft und alles ist wieder beim Alten. Ein paar teuer eingekaufte Konzeptpapiere wandern in die Aktenschränke.

Wenn ein Problem diagnostiziert wird, setzt man mit der Lösung auf der Ebene des Problems an. Wenn etwas auf der Handlungsebene nicht passt, muss man eben die Handlungen korrigieren. Das scheint logisch.

Die Verkaufszahlen sind schlecht. Wir müssen etwas ändern, also machen wir eine Verkaufsschulung. Der Umgang mit Kunden lässt zu wünschen übrig, also machen wir ein Kommunikationstraining. Unser Umsatz muss sich steigern, also machen wir eine Werbekampagne! Schulungen, Verkaufs- und Motivationstrainings, Werbekampagnen & Co. sind besonders beliebt, um mit hohem Aufwand Wirkungslosigkeit zu erzielen. Sie haben auf unternehmerischer Ebene die Wirkung von persönlichen Neujahrsvorsätzen. Es ist bloß Styling ohne tiefgehende Wirkung, es sind Interventionen auf der falschen Ebene.

Es gibt sicher gute Gründe, warum die Verkaufszahlen schlecht und das Kommunikationsverhalten der MitarbeiterInnen grauenhaft sind, aber der Grund liegt zumeist nicht in der Unfähigkeit der Betroffenen. Die Leute müssen weder geschult noch motiviert werden. Genaugenommen muss man mit den Betroffenen gar nichts machen, sondern eine Stufe höher ansetzen. Wie bei den Anonymen Alkoholikern gibt es »eine Macht, die größer ist«. Dieser höheren Macht nähert man sich mit unbotmäßigen Fragen. Läge es zum Beispiel nicht in der Verantwortung der Führungsperson, fähige Mitarbeiter auszuwählen? Wenn alle MitarbeiterInnen unfähig sind, woher rührt denn diese Unfähigkeit? Gibt es vielleicht gar geheime Mechanismen, welche diese »Unfähigkeit« erzeugen? Wo sitzt die »höhere Macht«, die Sand ins Getriebe streut?

In einem meiner Kurse hat mir ein Manager eines großen Technologiekonzerns erzählt, wie es gelungen ist, alle Führungsebenen für einen großen Veränderungsprozess zu begeistern. Alle haben sich mit Engagement eingebracht und es war dem Management klar, dass die in den Gruppen erarbeiteten Beschlüsse dann bindend wären. Sie wurden auch unter Jubel festgeschrieben und - negiert. Kaum etwas von dem Beschlossenen wurde von denjenigen, die es mit beschlossen hatten, getan. Alle waren erstaunt und ehrlich bedrückt, auch jene, die sich am Boykott der Veränderung beteiligten. Offenbar wirkte eine unsichtbare Kraft. Im Gespräch machten wir uns dann auf die Suche nach dieser »höheren Macht«. Nach kurzer Zeit fanden wir sie.

Der Manager erzählte mir, dass es einen Stehsatz in der mittleren Führungsebene gab, wonach man »auch einmal fünf gerade sein lassen« könne. Dieser Satz war eine nicht festgeschriebene Regel, die eine hohe Autonomie der Führungskräfte bewirkte. Der Satz war machtvoll, weil er es erlaubte, festgeschriebene Regeln im Bedarfsfall auszuhebeln. Und er war doppelt machtvoll, eben weil er nicht festgeschrieben war und vom Unterbewusstsein der Firma aus wirkte.

Wir entdeckten also eine Kultur hoher Entscheidungsfreiheit der mittleren Führung, eine Autonomie, die eine wunderbar große Flexibilität erlaubte, im vorliegenden Fall aber völlig kontraproduktiv war. Diese unausgesprochene kulturelle Vereinbarung war mächtiger als die gemeinsam gefassten Beschlüsse. Unbewusst verteidigte die mittlere Führung mit aller Vehemenz ihre Kompetenz, fünf auch einmal gerade sein lassen zu dürfen. Das war viel wichtiger als alle offiziellen Beschlüsse.

Was für die Unternehmen gilt, gilt auch für Einzelpersonen. Auch wir wollen im Alltag Handlungen ändern. Morgen mache ich das anders! Ich höre ab morgen zu rauchen auf. Ich werde mich ab sofort gesund ernähren und nur noch Obst zum Frühstück essen. Und abermals funktioniert das nicht. Wir können unser Verhalten nicht ändern.

Auch in unseren individuellen Veränderungsprozessen müssen wir uns die Frage stellen, ob die Lösung nicht vielleicht ein paar Instanzen höher als auf der Handlungsebene zu finden wäre. Es gilt wie immer, die Führung zur Verantwortung zu ziehen. Unseren inneren Religionsführer, der die Glaubenssätze verwaltet.

Mit Maßnahmen auf der Handlungsebene gaukeln wir uns nur etwas vor. Wir können jederzeit beschließen, ab sofort etwas anders zu machen. Dann machen wir es anders! Doch wir haben uns nicht verändert, wir verstellen uns bloß. Wir agieren wie Schauspieler und müssen irgendwann die Bühne auch wieder verlassen und zu unserem wahren Ich zurückkehren. Der Vorhang fällt und wir sind wieder wir selbst. Nichts hat sich geändert. Wir haben nur diszipliniert und vielleicht durchaus überzeugend eine Rolle gespielt. Es hat schon einen Grund, warum ein Theaterstück kaum länger als vier Stunden dauert. Länger kann und mag man nicht in fremde, ungewohnte Identitäten schlüpfen. James-Bond-Darsteller Daniel Craig meinte, wenn er Bond spiele, dann sei er Bond schon beim Aufwachen – ein Kontrollfreak, hart, eng, zielstrebig. Aber zum Glück würden die Dreharbeiten nicht so lange dauern.

VerwandlungskünstlerInnen verwenden niemals Sätze wie »Ab morgen mache ich es anders«, weil sie wissen, dass übermorgen wieder alles beim Alten ist. Eingriffe auf der Verhaltensebene funktionieren nur kurzfristig. Es gibt zwar Wirkung, aber keine Änderung.

Das Wertesystem entscheidet

Unsere Handlungen sind bloß das sichtbare Endprodukt einer langen Kette von inneren Ereignissen und Schaltmustern. Bevor wir handeln, passiert eine ganze Menge auf der internen Fertigungsstraße unseres Bewusstseins.

Wir handeln stets so, wie es unsere inneren Schaltkreise und Programme erlauben. Wir tun nur das, worin wir Sinn sehen und woran wir glauben. Unser Verhalten steht in kompletter Abhängigkeit zu unserem Wertesystem. Wir setzen einen Fuß nur vor den anderen, wenn unser Gehen Ziel und Sinn hat. Wissen wir plötzlich nicht mehr, warum wir gehen und wohin wir wollen, bleiben wir stehen.

Wir können nachhaltige Änderungen in unserem Verhalten nur herbeiführen, wenn wir die Verknüpfung unserer Handlungen mit unserem Glaubenssystem aufdecken und dann genau dort eine Änderung herbeiführen. Fundamentale Veränderung ist Arbeit an den fundamentalen Werten. Eher technisch orientierte Menschen können vielleicht mit dem Bild innerer Programme, die es neu zu programmieren gilt, mehr anfangen.

Nicht der Output der Maschine muss korrigiert werden, sondern das Programm, das zu diesem Output führt.

Gehen Sie an die Quelle! Machen Sie die »höhere Macht« ausfindig, die das Verhalten steuert, das Sie ändern wollen. Im nächsten Kapitel erfahren Sie, wie das geht.

RESÜMEE

► *Visionen sind schön und gut ... aber der Sumpf des Alltags verschlingt sie. Dort lauern Gefahren: Disziplin, Kampf gegen sich selbst, das gewohnte Umfeld.*

► *Sie können Ihr Verhalten nicht ändern. Sie müssen etwas anderes probieren.*

► *Sie müssen an die Quelle! Sie müssen dorthin, wo Ihr Verhalten programmiert und gesteuert wird: zu ihren Wertesystemen.*

Leben heißt glauben

»Taten, nicht Worte!«, sagte Aristoteles und meinte damit, dass man Menschen nur an dem erkennen kann, was sie tun, nicht an dem, was sie sagen. Nur das, was der Mensch tut, gibt Auskunft über das, was ihm wichtig ist.

Ordnung und Orientierung sind Grundbedürfnisse des Menschen. Wir brauchen Gewissheit genau dort, wo sie von Natur aus nicht angelegt ist – in der Frage nach dem Sinn. Tieren bleibt dergleichen erspart. Die haben ihre Instinkte und Bedürfnisse und es genügt, sie zu erfüllen. Einer großen metaphysischen Überlegung bedarf es dazu nicht. Die Natur lebt ohne Warum und Wieso. Der Mensch aber ist nicht nur Natur. Er ist auch und ganz wesentlich Kultur.

Werte definieren uns

Wir Menschen baden von Geburt an in einer Nährlösung aus Werthaltungen. Wir werden, wie die Fische ins Wasser, in ein Meer aus Moral, Sitte und Anstand hinein geboren. Die Glaubenssätze unserer Erziehungsberechtigten formen den jungen Geist und die junge Seele. Immer handeln wir im Sinne einer Idee, die größer ist als wir selbst und weiter geht als die unmittelbare Lebenserhaltung. Wir folgen dem Gemeinschaftswohl, der Loyalität gegenüber Sippe oder Familie, der eigenen Ethik und Würde, einer Vorstellung von Menschlichkeit ... wir handeln im Dienste von irgendetwas, das uns sagt, wie die Welt ist und wie sie sein soll. »Die Religion ist [...] die Erinnerung daran, dass es mehr Leben in uns gibt, als dieses Leben lebt«, meint der Philosoph Peter Sloterdijk. Ohne Glauben gibt es kein menschliches Leben, denn »Weltanschauung ist Weltgestaltung«, wie der Psychoanalytiker Peter Schellenbaum präzisiert.

Diese Glaubenssysteme (Werte, Werthaltungen) verschaffen uns Orientierung und das lebensnotwendige Gefühl der Zugehörigkeit und Einbettung in eine Gemeinschaft. Viele Glaubenssätze verschaffen uns auch ein Bild von uns selbst. Sie sagen uns, wer wir sind und wer wir sein sollen, was wir tun und was wir lassen sollen, was uns zusteht und was nicht.

Die Basisprogramme dafür haben unsere Erziehungsberechtigten in unser Betriebssystem eingespeist. Das ist auch gut so, denn »wir können das Spiel der Überzeugungen nicht aus dem Nichts beginnen«, wie der Philosoph Kwame Anthony Appiah anmerkt, »natürlich sind wir alle in einer Familie und in einer Gesellschaft aufgewachsen, welche uns für den Anfang mit einer Vielzahl von Überzeugungen ausstatten, die wir niemals selbst hätten entwickeln können.« Die Entwicklung von Überzeugungen ist Generationenarbeit und wir bekommen diese Historie an Werten wie in einem Staffellauf überreicht. Es gehört ganz ursächlich zum Leben des Kulturwesens Mensch, Wertesysteme über die Erziehung »vererbt« zu bekommen.

Leider vergessen die Erziehungsberechtigten bei dieser Stafettenübergabe immer auf ein entscheidendes Detail. Sie verraten uns nicht, dass es sich bei diesen Überzeugungen um ein Geschenk handelt und dass man Geschenke auch prüfen und mitunter entsorgen darf. Wir müssen den Krempel der anderen nicht aufheben.

Wir sind wie diese Keyboards, die man mit einer gewissen Anzahl an vorprogrammierten Melodien und Rhythmen kaufen kann. Damit halt irgendetwas da ist, was die Möglichkeiten diese Gerätes symbolisiert. Genau so werden wir mit vorprogrammierten Einstellungen angeliefert. Wenn wir dann allerdings unser Leben lang nur die einprogrammierten Beats und Melodien abspielen, haben wir die Aufgabe als MusikerIn nicht verstanden. Wir machen uns der Langeweile im Lebensorchester schuldig und - schlimmer noch - versagen uns die ureigenste Lebensmusik. Nicht auf die Programmknöpfe kommt es an, auch wenn sie simpel zu bedienen sind, sondern auf die weißen und schwarzen Tasten. Auch wenn wir selber draufkommen müssen, wie das geht: Wir sollen die Klaviatur unseres Lebens bedienen.

Um das Fundamentale muss man sich selber kümmern

Wir alle machen die Erfahrung des österreichischen Physikers und Konstruktivisten Heinz von Foerster: »Als ich ein kleiner Bub war, hielten wir uns im Sommer oft im Salzkammergut auf. Eines Nachmittags kündigte sich ein Gewitter an, die Schwalben flogen ganz niedrig, und meine Eltern riefen mir zu: ›Schau, es kommt schlechtes Wetter, die Schwalben fliegen niedrig.‹ Ich fragte zurück: ›Ja, warum fliegen die Schwalben so niedrig, wenn schlechtes Wetter kommt?‹ Und darauf meine Eltern: ›Wegen der Mücken, der Fliegen, der Insekten und der Gelsen, die alle so niedrig fliegen, wenn schlechtes Wetter kommt.‹ Da fragte ich fürwitzig weiter: ›Aber warum fliegen die Mücken so niedrig, wenn schlechtes Wetter kommt?‹ Patsch, und ich erhielt eine Ohrfeige. Na, da wusste ich, das scheint eine sehr fundamentale Frage zu sein. Und ich zog daraus die Konsequenz: Wenn du fundamentale Fragen beantwortet haben willst, musst du dich selbst darum kümmern.«[9]

Das ist die Aufgabe der Adoleszenz - sich selbst um das Fundamentale zu kümmern. Unsere Eltern haben uns bestmöglich in diese Welt eingebracht und jetzt ist es an uns, das Eigene zu finden. Wir müssen nur verstehen, dass wir das dürfen, mehr noch: müssen! Unser Glaubenssystem, eben weil es so essenziell für unser Handeln und Wohlergehen ist, darf nicht ungefragt hingenommen werden.

Wofür lohnt es zu leben und zu sterben?

Wir müssen für uns selbst herausfinden, was wirklich wichtig ist, welche Werte wir haben, woran wir glauben und wofür wir im Ernstfall zu sterben bereit sind. Das ist ein guter Lackmustest für unsere Werte. »Was man einen guten Grund zum Leben nennt, das ist gleichzeitig ein ausgezeichneter Grund zum Sterben«, notierte Albert Camus in seinem »Mythos von Sisyphos«. Hier macht sich fest, was wirklich wichtig ist. Wenn uns das genommen wird, was das Leben lohnt, lohnt es auch, dafür zu sterben. Würden wir für etwas sterben wollen, was uns gar nicht wichtig ist? Man kann seine Zuvorkommenheit auch übertreiben. Also sollten wir besser herausfinden, wofür wir zu sterben und sohin auch wirklich zu leben bereit sind.

Wertekollision – das Drama des Lebens

Der deutsche Philosoph Georg Wilhelm Friedrich Hegel schrieb in seinen Überlegungen zur Tragödie, dass das Tragische nie auf einem Konflikt von Gut und Böse beruhe, sondern stets auf der Kollision zweier Werte. Wenn sowohl das eine wie das andere enorm wichtig ist, wir aber das eine verlieren, wenn wir uns für das andere entscheiden – das ist die Hölle. Und sie ist unausweichlich.

Wir haben ein Strafgesetz, weil wir als Kollektiv ein Bedürfnis nach Ordnung und Sicherheit haben. Sicherheit ist ein Wert. Wir wissen aber auch, dass immer wieder Unschuldige verurteilt werden. Gerechtigkeit ist auch ein hoher Wert. Wollen wir wegen fallweiser Ungerechtigkeit das Strafgesetz abschaffen? Was wollen wir als Gesellschaft tun?

Julia fordert Romeo auf: »Verleugne deinen Vater, deinen Namen! […] Ich bin nicht länger eine Capulet.« Und Romeo soll nicht länger ein Montague sein. Der Wert der Liebe und der Wert der Familienbande prallen aufeinander. Romeo und Julia entscheiden sich gegen die Familie und für die Liebe. Am Ende dieses Konfliktes steht in Shakespeares Tragödie der Tod.

Diese Dramen haben sich zuhauf im wirklichen Leben abgespielt. Wenn der Sohn des Großbauern ein Mädchen liebte und schwängerte, das nicht standesgemäß war, stand das Liebespaar vor Romeo und Julias Frage: Liebe oder Tradition?

Unsere Kultur der Bindungen und Trennungen bringt neue Wertekonflikte. Jede Scheidung, v.a. wenn es Kinder gibt, zerreißt die Menschen innerlich. Das fundamentale Recht auf Freiheit und Selbstverwirklichung prallt auf den Wert von Fürsorge und Familie.

Beides geht bei Scheidungen nicht. Welche Wahl macht glücklich? Wie viel Mut haben wir, eine Wahl zu treffen? Können wir zu uns stehen und für uns eintreten?

Wahrlich um Leben und Tod geht es bei den Zeugen Jehovas, wenn sie derart schwer erkranken, dass die Verwendung von Blutkonserven indiziert wäre. Das kommt für sie nicht in Frage aufgrund einer Textstelle des Buches Levitikus, in der es heißt: »Das Leben des Fleisches sitzt nämlich im Blut. [...] Niemand unter Euch darf Blut genießen, auch der Fremde in Eurer Mitte darf kein Blut genießen.« Man kann nur schwer verstehen, wie man aus diesem Text das Gebot ableiten kann, im Krankheitsfall eine lebensrettenden Blutkonserve abzulehnen (Blut genießen ist doch irgendwie etwas anderes), doch spielt Verständnis keine Rolle. Es geht nicht um Verstehen, sondern um Glauben. Die Zeugen Jehovas sind bereit, für diesen Satz aus der Bibel in den Tod zu gehen. Der Wert von Gottes Wort prallt auf den Wert des eigenen Lebens und das Wort Gottes zählt für viele mehr. Schließlich darf jeder glauben, was er will, und dafür auch in den Tod gehen, solange er damit nicht andere behelligt und verletzt.

Wie man aus zwei Alternativen die dritte wählt

Wenn wir die großen Dramen unseres Lebens verstehen und VerwandlungskünstlerInnen sein wollen, müssen wir lernen, diesem Wertekonflikt zu begegnen. Wir müssen mit einer hellen Lampe unsere Werte, unsere Glaubenssätze anstrahlen, sie prüfen und wägen.

Entziehen können wir uns den Wertekollisionen des Lebens nicht. Immer wieder krachen die Bestandteile unserer Weltanschauung aufeinander und wir müssen Entscheidungen treffen.

Die Göttin der Zwietracht hat Paris den Apfel in die Hand gedrückt und ihn aufgefordert, ihn der schönsten der drei Göttinnen zu geben. Jeder von uns hat diesen Apfel in der Hand und steht vor der Entscheidung des Paris. Dann heißt es wählen und dazu stehen. Wählen ist ein aktiver Vorgang. Ich gebe den Apfel der Göttin und gebe ihn zwei anderen nicht.

Wäre diese Situation nicht von der Göttin Eris, sondern von einem Zen-Meister gestellt worden, könnten Sie den Apfel selber essen. Das wäre der Versuch, ein Drittes zu finden, eine Art magischen Ausweg. Manchmal existiert so eine Lösung und es lohnt sich, sie zu suchen. Vor die Wahl gestellt, lautet die Entscheidung dann: »Ich wähle nicht! Ich lehne die Wahl an sich ab!« Es gibt Märchen und Mythen, die solche Geschichten erzählen. In Chaucers »Frau von Bath«, einer mittelalterlichen Novelle, wird der Held andauernd vor zwei unmögliche Situationen gestellt. Die ganze Geschichte hindurch muss er sich entscheiden. Er tut dies und hätte doch auch das tun können und immer ist unklar, ob nicht doch das andere besser gewesen wäre. Dann taucht eine nicht sonderlich hübsche Frau auf, die ihm die Lösung eines Rätsels verspricht. Aber er müsse sie dafür heiraten (wieder eine Zwangslage zwischen zwei Alternativen). Er sagt zu und bekommt abermals eine Zwangslage vorgesetzt. Entweder sie bleibe hässlich und sei ihm dafür eine treue, liebende Frau, oder aber sie verwandle sich in eine schöne Prinzessin, sei ihm aber untreu. In diesem Moment spricht der Held die magischen Worte: »Ich wähle keines von beiden!« Damit ist der Bann der Ausweglosigkeit gebrochen, die Frau verwandelt sich in eine schöne Prinzessin und ist ihm eine treue Frau bis ans Lebensende.

Parabeln und zen-buddhistische Übungen zeigen uns, dass wir die Ausweglosigkeit mitunter auf solch magische Weise überwinden können, indem wir auf eine Metaebene gehen. Vor die Wahl zwischen zwei unmöglichen oder gleich attraktiven Alternativen gestellt, wählen wir »das Dritte«, jenes Unbekannte, das erst auftaucht, wenn wir die herkömmliche Sichtweise verlassen.

Ich kenne ein Paar, das zwischen heimlicher Untreue und Scheidung einen dritten Weg sucht und eine offene Beziehung zu dritt lebt, wobei die Frau einen Haupt-Mann und einen Liebhaber hat. Die Lösung ist von allen akzeptiert, wenngleich fragil, wie das Paar mir erzählte. Aber immerhin: Sie versuchen »ein Drittes« zu leben. »Ich wähle keines von beiden«, ist eine kraftvolle Ansage angesichts einer Wertekollision und es lohnt sich, diesen Weg zu suchen. Manchmal aber gibt es kein Drittes. Ehepartner und Firmenchefs haben nicht immer den Erleuchtungsgrad und Humor eines Buddha. Die Wahl zwischen zwei Urlaubsdestinationen kann für diesen Sommer nur ein einziges Mal getroffen werden und man kann nicht nach Hawaii und nach Island gleichzeitig fahren. Man kann nicht zwei attraktive Vollzeit-Jobs zugleich annehmen und beide leckeren Hauptgerichte auf der Speisekarte wählen.

Es kann also im Leben zu Situationen kommen, wo sich das magische Dritte nicht zeigt. Dann bleibt es bei zwei Alternativen und es gibt nur eine Möglichkeit: Wähle und steh dazu!

Das, woran wir wirklich glauben, ist nicht lustig

Gehen wir also daran, unsere Wertesysteme unter die Lupe zu nehmen, da sie doch für unsere Lebensentscheidungen so wichtig sind. Wir sind uns oft des Umstands gar nicht bewusst, dass so etwas wie ein individuelles Wertesystem oder Glaubenskonstrukt unsere Handlungen so sehr bestimmt.

Die kleinste Einheit jeden Glaubens ist ein Satz, ein Satzmolekül wie etwa »Gott will, dass wir den Armen geben« oder »Das Leben ist hart und ungerecht« oder »Reichtum ist ein Zeichen der Gottesliebe«. Aus solchen molekularen Bausteinen entstehen stabile Molekularverbindungen und höhere Werte-Strukturen und schließlich eine ganze Glaubens-DNA. So bastelt jeder Mensch seine eigene Lebensreligion. Wenn man die eben angeführten drei Glaubenssätze kombiniert und erweitert, kann man zum Beispiel den Protestantismus basteln.

Wenn wir etwas über uns herausfinden wollen, dann können wir beginnen, unsere großen Glaubensgebäude aufzuknacken, kleine Glaubenssätze herausbrechen und anschauen. Das scheint zunächst unmöglich und man weiß gar nicht, wo man da mit der Beißzange wirklich ansetzen soll. Da kann folgender Tipp helfen: Am besten, man beginnt dort, wo man nicht mehr lachen kann. Es ist ja interessant, dass das, woran man wirklich glaubt, einfach nicht lustig ist und nicht lustig sein darf. Beim wahren Glauben hört sich der Spaß auf. Lachen ist ein Indikator für Flexibilität. Hört das Lachen auf, beginnt das Dogma.

Der Prophet Mohammed ist für Muslime definitiv nicht lustig. Die Stars'n'Stripes sind für Amerikaner nicht lustig. Der Satz »Das Leben ist hart und ungerecht« ist für viele nicht lustig. Glaubenssätze sind nicht lustig. Was ist denn für Sie, liebe Leser und Leserinnen, nicht mehr lustig? Vielleicht der Satz: »Ich bin sterblich«, oder »Ich bin sterblich und es gibt nur dieses eine Leben«. Oder: »Ich sterbe, aber ich werde wiedergeboren«. Über welchen dieser Sätze lachen Sie und was davon ist bitterer Ernst?

Ich lege Leuten bei Seminaren gerne eine Menge von Sätzen vor und frage, welcher dieser Sätze für sie zutrifft und besonders lebensbestimmend ist. Vielleicht wollen Sie das auch einmal probieren. Ich habe hier ein kleines Exzerpt von Glaubenssätzen, die für sehr viele Menschen dominant sind.

Das Leben ist hart.

Die Menschen sind von Grund auf schlecht.

Man kann nur Erfolg haben, wenn man sich anstrengt.

Konflikte sind unwürdig.

Nur wenn man eine Familie hat, ist man ein ganzer Mensch.

Man muss in der Lage sein, Schwächen zuzugeben.

Ich bin ein schöpferisches Wesen und gestalte meine Welt.

Das meiste im Leben ist vorherbestimmt.

Man darf nahe stehenden Menschen keine Bitte abschlagen.

Man sollte sich selbst nicht loben.

Man sollte nie direkt sagen, was man will. Man darf nicht fordern.

Man muss ständig danach streben, sich zu verbessern und besser zu werden.

Müßiggang ist aller Laster Anfang.

Man muss letztlich mit allem alleine fertig werden.

Wenn man nicht aufpasst, wird man betrogen.

Erst die Arbeit, dann das Vergnügen.

Man soll die anderen nicht mit seinen Problemen belasten.

Ohne Fleiß kein Preis.

In Beziehungen darf es keine Geheimnisse geben.

Hast du was, dann bist du was.

Wer rastet, der rostet.

Lieber den Spatz in der Hand als die Taube auf dem Dach.

Immer schön auf dem Teppich bleiben.

Bescheidenheit ist eine Zier.

Geben ist seliger denn nehmen.

Man kann nicht alles haben.

Ich bin nicht genug.

Ein Indianer kennt keinen Schmerz.

Eigenlob stinkt.

Glaubenssätze bestimmen unser Leben.

Wir alle sind geprägt von solchen Sätzen und können gar nicht mehr erkennen, wie beliebig und austauschbar sie eigentlich sind. Sie sind oft so sehr und mit vielen Verschlüsselungen in unsere Festplatte einprogrammiert, dass wie sie für objektive und unverrückbare Tatsachen halten.

Betrachten wir einmal den Unterschied zwischen einer Tatsachenfeststellung und einem Glaubenssatz. »Dieses Buch hat 160 Seiten« ist eine Tatsachenfeststellung und sie kann auf Richtigkeit überprüft werden. Ein Satz wie »Das Leben ist hart und ungerecht« ist etwas anderes. Sie können dafür sicher zahlreiche Belege aus Ihrem Leben anführen (was leicht ist, denn wenn Sie daran glauben, leben Sie auch danach), aber eine Tatsache ist es nicht. Sie werden Menschen treffen, die das Gegenteil behaupten. Der Satz gehört ausschließlich in den Bereich des Glaubens. Und Glaube ist per definitionem variabel, weil man ja schließlich glauben kann, was einem beliebt. Auch der letzte Satz, »Glaubenssätze bestimmen unser Leben«, ist ein Glaubenssatz. Ich persönlich glaube an diesen Satz, aber ehrlich gesagt gibt es auch dafür keinen wissenschaftlichen Beleg.

Erinnern wir uns an den Satz von Niels Bohr auf Seite 37: »Das Universum ist so angelegt, dass das Gegenteil einer wahren Aussage eine falsche Aussage ist, während aber das Gegenteil einer tiefen Wahrheit wieder eine tiefe Wahrheit sein kann.« Manche Sätze sind einfach wahr oder falsch. Manche aber sind bloß für mich wahr und für jemand anderen ist das Gegenteil wahr. Prüfen Sie also die Sätze, die wirklich wichtig sind für Sie. Schauen Sie, ob sie wirklich in den Bereich der Tatsachenfeststellungen gehören oder doch eher in den Bereich des Glaubens. Das ist wichtig, denn die Sätze, an die wir glauben, lassen uns nicht gleichgültig. Sie bestimmen unser Handeln und sie verursachen in uns Gefühle.

Tatsachen, Interpretationen, Gefühle

Die Welt besteht zu einem Teil aus Tatsachen und zum anderen Teil aus dem, was wir daraus machen.

Wien ist die Hauptstadt von Österreich. In diesem Zimmer stehen acht Stühle. Die Donau ist der zweitlängste Fluss Europas. Dieses Buch hat 160 Seiten. Du bist zum gestrigen Termin zu spät gekommen.

All das sind Tatsachenfeststellungen und als solche sind sie neutral und »unschuldig«. Sie enthalten keine Wertung, Beurteilung, Abwertung, Zuschreibung, kein Lob und keine Zurechtweisung. Sie beschreiben bloß, was ist.

Wir Menschen sind aber sinnhungrig und begierig danach, alles zu deuten und zu werten. Wir schicken die Tatsachen durch unsere Interpretationsfilter und sind ganz flott darin, diese unschuldigen Tatsachen mit Bedeutungen aufzuladen.

Sie könnten den Umstand, dass dieses Buch 160 Seiten hat, so deuten, dass ich ein ziemlich fauler Mensch bin und es mir mit diesem geringen Umfang wohl sehr leicht machen wollte. Oder Sie deuten das umgekehrt so, dass ich mir sehr viel Arbeit gemacht habe, weil es Ihnen schwierig erscheint, sich kurz zu fassen.

Den Umstand, dass mein Kollege gestern zum Termin zu spät gekommen ist, könnte ich so deuten, dass er an unserem Gesprächsthema nicht interessiert ist. Oder noch schlimmer: an mir nicht interessiert ist. Es scheint, er mag mich nicht. Ich hab's ja schon immer gewusst.

Aus dieser selbst gestrickten Interpretation entstehen Gefühle. Mein Kollege ist gestern zu spät gekommen. Er mag mich nicht. Ich fühle mich elend.

So übersetzen wir Tatsachen in Gefühle und sagen dann: »Du hast mich wütend gemacht.« Doch von Rechts wegen müsste man sagen: »Meine Interpretation deiner Handlung hat mich wütend gemacht.« Wir formen aus der Wahrnehmung der Welt Glaubenssysteme und verdichten dieses Glaubenssystem mit jeder Wahrnehmung, die dazu passt. Wunderbarerweise passen sehr viele Wahrnehmungen, die wir machen, in unser Glaubenssystem. Die Tatsachen da draußen sind neutral und unschuldig und sehr flexibel. Sie lassen sehr viel mit sich machen und sich in ganz unterschiedliche Schubladen einordnen.

Die Welt besteht aus Ereignissen, denen erst unser Glaube Bedeutung gibt. So ist all das, was wir als Schicksal betrachten, bloß Ergebnis von Interpretation. Im weitesten Sinn sterben oder töten wir sogar für diese Interpretationen. Die heftigste Aufwallung, die uns eine Interpretation bescheren kann, ist der Affekt. Wir unterliegen Affekten oft wie Naturgewalten.

Affekte sind kein Naturgesetz

Wenn die Wogen hochgehen, rechtfertigen sich die Erregten gerne damit, dass ihre Reaktion eine objektiv nachvollziehbare Notwendigkeit gewesen sei, eine Art Naturkonstante. Die erregten Menschen können sich gar nicht vorstellen, dass man anders hätte reagieren können, weil in ihnen ein Programm abgelaufen ist, das tiefer liegt als jede Vernunft, und schneller passiert, als eine rationale Verarbeitung erlaubt. Sie reagieren in einem archaischen Reiz-Reaktions-Schema und die Unmittelbarkeit erzeugt die Vorstellung des Unausweichlichen. Das führt dazu, dass besonders impulsive Menschen zu der Annahme neigen, immer recht zu haben. Je unreflektierter ein Mensch ist, desto gewisser ist er sich seiner selbst.

Dann hört man Sätze wie »Da musste ich ihm eine reinhauen«, »Als ich das hörte, habe ich sie selbstverständlich bespitzeln lassen«, »Es ist ja wohl klar, dass ich ihn da hinausgeschmissen habe«.

»Selbstverständlich« und »klar« ist alles allerdings nur für diejenigen, die solche Sätze verwenden. Es ist »selbstverständlich« und »klar«, weil ein inneres Programm den Befehl erteilt hat, so und nur so zu handeln. Ein Glaubenssatz hat aufgeleuchtet, ein Gefühl verursacht und eine Handlung veranlasst.

Wir haben theoretisch immer Tausende von Möglichkeiten, auf einen Input von außen zu reagieren. Niemand zwingt uns, zu lachen oder zu weinen, erregt oder gelangweilt zu sein. Diese Reaktion ist einzig und allein in mir angelegt und gehört nur mir. Niemand da draußen läuft mit einem Sack voll Gefühlen herum, greift hinein und sagt: »Hier hätte ich drei Kilo Wut. Da hast du sie. Die hänge ich dir jetzt um.« Niemand hat diese Macht über mich. Niemand gibt oder nimmt mir Gefühle.

»Niemand kann mir ohne mein Einverständnis das Gefühl geben, mich minderwertig zu fühlen«, hat Eleanor Roosevelt gesagt, und das gilt sinngemäß für alle Gefühle. Zur Verwandlungskunst gehört es, inneren Programmen und Glaubenssätzen das Einverständnis zu entziehen, wenn sie nicht mehr taugen.

Ein Glaubenssatz ohne Glaube ist nur ein Satz

Das Glaubenssystem ist die Summe mehrerer Glaubenssätze. Ein Glaubenssatz ist, wie wir gesehen haben, ein emotional aufgeladener und mit Bedeutung befrachteter Satz. Diese Aufladung eines Satzes vollziehen wir selbst. So wie wir Sätze beladen können, können wir sie auch entladen. Wir können den Satz jederzeit von seiner Fracht befreien. Ein Glaubenssatz ohne Glaube ist einfach nur ein harmloser Satz. Wenn ein Glaubenssatz nicht mehr taugt, so müssen wir ihm nur die Ladung entziehen, die wir ihm haben angedeihen lassen. Dann steht er so harmlos und unbedeutend vor uns wie Tausende andere Sätze, die uns nicht berühren und uns nichts bedeuten.

Die Entzauberung von Glaubenssätzen

Hier einige hilfreiche Maßnahmen, um untaugliche Glaubenssätze loszuwerden:

Versuchen Sie zuerst in der Gefühlsaufwallung, in der Sie sich womöglich befinden, den einen Satz herauszufinden, auf den sich alles zurückführen lässt.

Sie kommen manchmal in Situationen, wo sich ein Affekt einstellt. Das merken Sie garantiert, weil er eruptiv und unmittelbar erfolgt. Ein Beispiel, das mir eine Frau einmal erzählt hat: Sie bereitet in der Küche eine Suppe zu, ihr Mann kommt herein, probiert die Suppe und verlässt mit neutralem Gesichtsausdruck wieder die Küche. Die Frau spürt daraufhin Magengrimmen und einen tiefen Groll. Am liebsten hätte sie die Suppe auf den Boden geworfen und laut geschrien.

Die gängigste »Lösung« wäre nun, jemand anderem Vorwürfe für diesen Groll und dieses Unwohlsein zu machen, eine bequeme Vorgangsweise, die dieser Frau (so wie allen Menschen) durchaus vertraut war. Sie hätte ihrem Mann Vorhaltungen machen können, er hätte kein Wort verstanden und sie als Zicke beschimpft. Und so weiter.

Stattdessen hat sich die Frau die wichtige Frage gestellt: »Was passiert hier eigentlich? Woher kommt dieser Groll?« Ich habe ihr die Frage gestellt: »Wie alt warst du in diesem Moment?« Die Antwort kam schnell. Die Frau fühlte sich wie ein siebenjähriges Mädchen, das kontrolliert worden war. Und dann schien ihr der neutrale Gesichtsausdruck ihres Mannes auch noch eine Kritik zu beinhalten. Es schmeckte ihm also nicht. All das waren pure Interpretationen, also ein wunderbarer Anlass für Streit.

Hinter dieser Gefühlsaufwallung stand die Erfahrung eines siebenjährigen Mädchens, das Angst hatte zu versagen und bestraft zu werden. Die Frage »Wie alt bin ich jetzt?« ist daher eine Schlüsselfrage, die Sie bei Affekten sofort anwenden können. Alle Emotionen kommen aus der Kindheit, jener Zeit, wo Sie schwach und einer höheren Gewalt ausgeliefert waren, so gut es diese Instanz auch gemeint haben mag. Die Frage »wie alt bin ich?« bringt Sie zurück an die Quelle, dorthin, wo das Unwohlsein eigentlich begonnen hat.

Die nächste Aufgabe besteht darin, das ganze Drama auf einen Satz (oder zwei bis drei Sätze) zurückzuführen. Das geht, wenn man einmal imstande ist, sich seiner Affekte gewahr zu werden, erstaunlich leicht. Im Falle der Frau hieß der Satz »Ich bin nicht genug!«.

Wenn Sie diesen Schlüsselsatz gefunden haben, gibt es mehrere Möglichkeiten, ihn loszuwerden. Machen Sie sich zuerst einmal bewusst: Es ist nur ein Satz! Nichts weiter als ein Satz. Es ist kein Tsunami, kein Gottesakt, kein Strafgericht und schon gar keine Tatsache. Bloß ein kleiner deutscher Satz, der Ihnen im Kopf herumspukt und an den Sie ganz fest glauben. Es gibt Menschen, die glauben das genaue Gegenteil.

Probieren Sie das einmal aus. Drehen Sie Ihren Satz um. Das Umstülpen der Sätze hat etwas Magisches und Reinigendes. Der gegenteilige Satz ist nichts anderes als die Rückseite jener Medaille, die Sie seit Jahren gebannt anstarren. Die Rückseite gehört unmittelbar zur Medaille, und das, was dort steht, hat dieselbe Wertigkeit wie die Vorderseite.

Manchmal gibt es für einen Satz mehrere Umkehrungen. Notieren Sie sie alle. Statt »Ich bin nicht genug« finden Sie auf der Rückseite der Medaille Sätze wie »Ich bin gut, so wie ich bin«, »was ich mache, ist gut genug«, »Jeder Mensch macht Fehler, daher darf ich das auch«, »Ich habe das Recht, geliebt zu werden, so wie ich bin«. Sie sehen, man kann da richtig ins Schwelgen und Schwärmen kommen. Notieren Sie all diese Sätze und hängen Sie sie dort auf, wo man sie auch sehen kann. Am Spiegel, in der Küche, auf dem WC. Sie müssen mit der »anderen Wahrheit« vertraut werden.

Das nimmt dem ursprünglichen Satz leider nicht immer seine Spannung, jene Spannung, die man körperlich wahrnehmen kann. Im Fall der Frau war es ein unangenehmes Flirren im Magen. Finden Sie heraus, wo sich »Ihr Satz« in Ihrem Körper entlädt. Unangenehme Glaubenssätze haben eine derart hohe negative Spannung, dass sie ganz sicher irgendwo im Körper zu spüren sind. Wagen Sie es also, sich zu spüren. Sagen Sie den Satz laut und spüren Sie in sich hinein. Sagen Sie den Satz so, dass Sie wirklich an ihn glauben (was Sie ja auch tun), so dass er wirklich Wirkung entfaltet. Gehen Sie in den Satz hinein, in das Gefühl, das er erzeugt. Ich gebe zu, das ist nicht angenehm. Sagen Sie den Satz mit vollster Überzeugung, wieder und wieder. Sie werden ihn spüren, garantiert! Und wenn Sie ihn spüren, sagen Sie ihn weiter und weiter. Erhöhen Sie die Spannung auf das erträgliche Maximum.

Und dann schreien Sie! Toben Sie! Machen Sie etwas kaputt. Entladen Sie die aufgebaute Spannung.

Wenn Sie sich wieder beruhigt haben, machen Sie ein paar tiefe Atemzüge, bedanken Sie sich bei dem Satz und verabschieden Sie ihn. Danke, ich brauche dich nicht mehr! Das können Sie auch laut sagen, den Satz auf ein Blatt Papier schreiben und wegwerfen. Danke, ich brauche dich nicht mehr. Sagen Sie es in Ruhe und in Liebe, aber bestimmt. Vielleicht müssen Sie diesen Entladungsvorgang öfter wiederholen.

RESÜMEE

Leben ist Religion (lat. religio »Bedenken, Berücksichtigung«, »Sorgfalt«, »Denkweise«; als »homo sine religione« wurde ein »Mensch ohne Gewissen« bezeichnet). Wir Menschen leben, indem wir die Dinge bedenken. Das heißt nicht, dass Leben konfessionell ist. Auch Menschen ohne Konfession kommen bekanntlich gut durch das Leben, gleichviel bedenken sie es, haben Werte und glauben an irgendetwas, und sei es an die Sinnlosigkeit. Alles aus dem Bereich der Religion liegt jenseits des fundierten Wissens. Das Ergebnis des »Bedenkens von Leben« ist individuell verschieden. Jeder kommt zu einem anderen Ergebnis, warum alles so ist, wie es ist, und wie es sein sollte, und leitet daraus Lebensprinzipien und Handlungsweisen ab. Aufgrund der Eigenheit des Glaubens als Set von Annahmen kann jeder Mensch jene Überzeugung wählen, die ihm dienlich ist und ihm das Leben angenehm macht. Wenn wir daher gefangen sind in Annahmen, die uns nicht dienen (z. B. »Ich bin nichts wert«, »Ich habe das nicht verdient«), liegt die Befreiung in der Wahl von Annahmen, die uns dienen. Die dienliche Annahme findet man am leichtesten, indem man eine unzweckmäßige einfach umdreht.

Das Haus des Lebens

Wenn wir unseren Glauben prüfen und wägen wollen, müssen wir ihn anschauen. Dazu besuchen wir nun jene Orte, an denen der Glaube wohnt. Er wohnt im Verborgenen, ist unsichtbar im Alltag. Aber wir finden ihn, weil wir wissen, dass er da ist.

Es geht leicht, wenn wir das Leben des Menschen als Haus betrachten. Als schönes, hohes Haus mit einigen Stockwerken. Man betritt es ebenerdig durch den Haupteingang. Die Hausfront und das Entree sind so gestaltet, dass man gleich weiß, wo man ist. Bei einem geselligen Menschen, einem Familienmenschen, einem erfolgreichen Hedonisten, einem karitativ gesinnten Atheisten, einem umweltbewussten Künstler etc. Materialien, Lichtgebung, Dekoration und Einrichtung sind bewusst gestaltet. Das Erdgeschoß ist geprägt von dem Bild, das man von sich geben will. Und weil es manches gibt, was man besser nicht gleich allen entgegenschreien mag, ist es ein sehr geschönter, öffentlichkeitstauglicher Bereich. Alle Häuser sind so.

Man gelangt leicht in den ersten Stock, an dessen Tür »Beruf« steht. Einrichtung und Stimmung sind hier geschäftsmäßig, je nach Profession.

Darüber, im zweiten Stock, ist die Familie. Im Stockwerk darüber sind die Bedingungen für Freundschaften und Bekanntschaften untergebracht. Steigt man im nächsten Stockwerk aus dem Lift, so befindet man sich im Stockwerk der Freizeit und der Hobbys. Vielleicht gibt es auch ein Stockwerk der ehrenamtlichen Betätigung. Jedes Haus ist anders gebaut und hat seine eigenen Stockwerke und jedes davon ist individuell gestaltet.

Wird man gefragt »Wie geht es dir?«, so müsste man etagenkonform antworten: »Im ersten Stock ist alles so weit in Ordnung, im zweiten Stockwerk herrscht Glückseligkeit. Im vierten

Stock, ich sage es dir gleich, steigen wir besser nicht aus dem Lift. Das ist eine echt chaotische Baustelle.« So differenziert antworten wir natürlich nicht. Wir antworten fast immer aus dem Erdgeschoß heraus, wo immer alles bestens ist. So ist das Entree ja auch gestaltet: schön, gediegen und gefällig. »Danke, mir geht's gut.« Auch wenn im Stockwerk darüber gerade die Flammen lodern und die Wände einbrechen. Nur wirklich gute Freunde und Psychotherapeuten erhalten Einblick in die verwinkelten Räume oberhalb der schicken Lobby.

Wir sind in unserem Alltag so beschäftigt, unser Lebenshaus in Schuss zu halten und zwischen den Stockwerken hin und her zu laufen, dass wir auf zwei Räume meist vergessen. Sie scheinen mit unserem Alltag nicht unmittelbar zu tun zu haben, und weil man ja Prioritäten setzen muss, tun wir alles andere zuerst und besuchen diese beiden Räume kaum, manchmal gar nicht. Das sind der Dachstuhl und der Keller.

Der Dachstuhl im Haus des Lebens

Der Dachstuhl ist der Raum, der das Haus unseres Lebens nach oben hin öffnet und es zugleich von allem, was da von oben kommt, schützt. Er ist die Verbindung des Hauses zum größeren Ganzen. Hier stapeln sich die Schatzkisten der Spiritualität und Transzendenz, die Schachteln mit den Gottesbildern und der Schrein mit dem Höheren Selbst. Hier stehen die Götzen, die wahren und die falschen, und die Beschreibungen, was wir für wahr und was wir für falsch halten. In alten Folianten mit brüchigen Seiten steht zu lesen, wofür es sich zu leben lohnt. Es sind die Werte- und Sinnkataloge unseres Lebens. In vielen Häusern ist der Dachstuhl mit Spinnweben überzogen und riecht ein wenig muffig. Der Alltag erlaubt es nicht, häufig hierher zu kommen.

Ich kenne auch Dachstühle der Lebendigkeit und Offenheit, viel begangen und aufgeräumt. Ich selbst trachte danach, in meinem eigenen Haus den Dachstuhl zu würdigen, die Luken nach oben offen zu halten und, mehr noch, ihn zu einem gastlichen Ort zu machen, an den ich auch gerne liebe Menschen führe. Aber das war nicht immer so. Auch ich komme aus einer Tradition, in der die eigenen Werte und Sinn-Bilder wenig beachtet dem Vergessen anheimfallen dürfen.

VerwandlungskünstlerInnen nehmen einen Besen und gehen auf den Dachboden. Dort stauben sie die Heiligenbilder ab. Jede Ikone und jedes Buch wurde von eigener Hand hinaufgetragen und nun ist es Zeit, sie zu betrachten.

Am schnellsten geht das mit folgender Übung und ich lade Sie ein, sie auch gleich durchzuführen.

ÜBUNG

Nehmen Sie einen Zettel und einen Stift und schreiben Sie einfach einmal auf, was für Sie einen Wert darstellt. Tun Sie es jetzt! Reißen Sie die Tür zum Dachboden auf und machen Sie Licht. Es ist eine Angelegenheit von vielleicht zehn Minuten. Machen Sie eine Liste von Werten, so wie Sie Ihnen in den Sinn kommen. Falls Sie ein wenig Hilfe brauchen: Ich habe hier eine Liste von Werten als Gedankenstütze zusammengestellt.

Autonomie
Freundschaft
Unabhängigkeit
Freiheit
Materielle Güter
Menschlichkeit
Erkenntnis
Mut
Fairness
Harmonie
Leidenschaft
Ansehen
Freude
Schönheit

Einfluss

Weisheit

Vitalität

Toleranz

Liebe

Verlässlichkeit

Macht

Anerkennung

Ordnung

Ehre

Beziehungen

Familie

Eros

Ruhe/Stabilität

Gesundheit

Achtsamkeit

Selbstverwirklichung

Jetzt geht es ans Abstauben und Sortieren. Suchen Sie in der Liste Ihre fünf wichtigsten Werte heraus und schreiben Sie sie noch einmal untereinander auf den Zettel. Machen Sie gleich ein »Best of« daraus. Der wichtigste Wert kommt an die erste Stelle, der zweitwichtigste an die zweite und so weiter.

Jetzt haben Sie eine Liste Ihrer fünf wichtigsten Werte. Als nächstes bitte ich Sie, jeden Wert dahingehend zu prüfen, wie intensiv er von Ihnen tatsächlich im Alltag gelebt wird. Sie können jedem Wert zwischen 0 und 10 Punkte geben, wobei 0 bedeutet, dass der Wert gar nicht gelebt wird und 10, dass er voll und ganz zu seinem Recht kommt.

Es könnte nun zum Beispiel sein, dass an erster Stelle »Freundschaft« steht, sie diesen Wert aber mit 5 bewerten, weil Sie sich gerade nicht so intensiv um Freundschaften bemühen können. Als zweitwichtigsten Wert haben Sie »Liebe« angeführt und dem haben Sie satte 10 Punkte gegeben. Und so weiter.

Wenn Sie das gewissenhaft gemacht haben, habe ich nun

eine Frage: Gibt es Werte in Ihrer Best-of-Liste, die weniger
als 8 Punkte bekommen haben, vielleicht gar nur 3 – oder gar
keinen?
9 und 10 Punkte sind toll. Es handelt sich um gelebte Werte. Bei
7 und 8 Punkten würde ich von »geliebten Werten« sprechen. Sie
werden geliebt, aber nicht restlos gelebt.
Bei 5 und 6 Punkten handelt es sich um bedrohte Werte. Und
bei 4 Punkten und weniger würde ich von komatösen oder gar
schon toten Werten sprechen.

Ein Großteil der Menschen, mit denen ich diese Übung mache, bewertet einen oder mehrere ihrer Werte ziemlich miserabel, irgendwo zwischen 0 und 5 Punkten. Manche haben einen richtigen Friedhof an Werten. Lauter wertvolle, geliebte Dinge, aber leider mausetot. Ist das nicht erstaunlich? Wir wissen genau, was uns im Leben wirklich wichtig ist, und erkennen zugleich, dass wir wenig davon würdigen und ehren, kaum leben, beachten, zu wenig hätscheln und pflegen.

Wie kann das sein?

Es gibt dafür genau drei mögliche Gründe. Zum einen kann es sein, dass ein Wert jetzt gerade schlechte Noten erhält, weil eben nicht alles auf einmal geht. Die »Freundschaft« hat für ein halbes Jahr Pause, weil man sich wachen Sinnes dazu entschlossen hat, ein wichtiges Projekt zu verfolgen, etwa ein Buch zu schreiben, die Mutter zu pflegen oder sonst etwas zu tun, was eben jetzt gerade die Freundschaftspflege nicht zulässt. Aber man weiß, dass dieser Wert wieder zu seinem Recht kommt. »Jedes sinnvolle Opfer hat die Rettung eines wichtigen Gutes zum Ziel«, schreibt der Psychoanalytiker Peter Schellenbaum. Wir müssen abwägen, entscheiden, etwas zu tun und etwas anderes zu lassen, und diese Waage bedienen wir ohne Unterlass. Wir können nicht alles zugleich verwirklichen.

Wenn es aber nicht zutrifft, dass wir wachen Sinnes eine Güterabwägung getroffen haben, möchte ich den Blick auf eine zweite, diffizilere Erklärung lenken. Der Wert ist vielleicht deshalb schlecht bewertet worden, weil er gar kein Wert für die betreffende Person ist! Zumindest keiner, der etwas in den persönlichen Top fünf verloren hat. Da stellt sich natürlich die Frage, wie er in die Charts gekommen ist. Wenn er nicht so wichtig ist und daher korrekterweise auch nicht toll bewertet ist, hat er unter den ersten fünf Plätzen nichts verloren. Wie kommt er dort hin?

Es handelt sich dann mit ziemlicher Sicherheit um einen übernommenen Wert. Ein Wert, von dem man denkt, dass er zu einem gehört, was er aber in Wahrheit nicht tut. Man hat ihn vererbt bekommen. Von Eltern, Lehrern, Vorbildern. Man führt ihn bloß an, weil es sich schickt, oder weil man nicht näher darüber nachgedacht hat. Bei mir zum Beispiel ist das »Harmonie«. Das ist durchaus ein Wert und ich liebe Harmonie, aber ich bin ihr lange aus reiner Familientradition gefolgt, bis ich erkannt habe, dass es dieser Wert bei mir persönlich nicht unter die Top fünf schaffen würde. Also habe ich ihn hinausgeschmissen und auf Harmonie verzichtet. Nachdem ich das gemacht hatte, konnte ich endlich einen wichtigen Veränderungsschritt im Leben durchführen, für den ich zunächst in Konfrontation mit meinem Umfeld gehen musste. Es ist schön, sich von Dingen zu befreien, die nicht zu einem gehören. Ich sollte mir als erwachsener Mensch meine Wäsche selber aussuchen und auch meine mentalen Kleidungsstücke.

Sie als Leserin und Leser sind ebenfalls gerade beim Abstauben der Heiligenbilder im Dachstuhl und dürfen ausmisten. Gehört dieses Bildchen im Goldrahmen wirklich zu Ihnen? Wenn nicht, dann schmeißen Sie es auf den Müll und machen Sie Platz für etwas, was wirklich zu Ihnen gehört.

Es kann aber sein, dass auch die zweite Erklärung für Sie nicht zutrifft. Sollten Sie also einen wichtigen Wert angeführt, ihn zugleich schlecht bewertet haben und darauf beharren, dass das ein wirklich wichtiger Wert ist, bleibt nur noch eine mögliche Erklärung. Man tut nur dann etwas nicht, was einem wichtig ist, wenn einen eine Kraft, die tausendmal mächtiger und wichtiger ist, daran hindert. Etwas in uns ist stärker als der Wille und der eigene Glaube. Dieses Etwas ist unsichtbar und unbewusst und aus diesem Schutz der Unsichtbarkeit heraus pfuscht uns diese Kraft in unser Leben.

Jetzt ist es Zeit, aufs Ganze und in den Keller zu gehen.

Der Keller im Haus des Lebens

Ja, es gibt im Haus des Lebens noch den Keller, einen dunklen und oftmals gefürchteten Ort, der noch mehr gemieden wird als der Dachstuhl. Da unten liegen die berühmten Leichen, unsere Schattengestalten und die Dunkelheit in unserer Biografie. Hier im kalten Keller sind die Särge der Seele gestapelt. Unsere Ängste, die verdeckten Motive, die ungelebten Leben. Ja, das ganze Arsenal der ungenutzten Möglichkeiten setzt hier Schimmel an neben den Waffen, die wir niemals gezückt haben. Und daneben stapeln sich die vielen Kisten mit Müll, die jemand anderer loswerden wollte und uns vor die Tür gestellt hat. Anstatt sie zurückzuweisen, haben wir sie ohnmächtig angenommen und dann nicht gewusst, wohin damit. Den Dreck, den uns jemand vor die Tür stellt, haben wir so lange am Hals, solange wir glauben, dass das wirklich uns gehört. Wir bringen den Ramsch ohnmächtig in die Wohnung, wissen nicht wohin, verstauen das Ganze schließlich im Keller und halten das für Entsorgung.

Doch der Keller ist das Fundament des Hauses. Er stützt das Haus und sorgt dafür, dass es nicht beim leisesten Windhauch umfällt. Er ist die Basis unseres Selbst. All die Dunkelheit, all das Ungelebte und all der Mist fremder Leute da unten sind nicht nur nicht weg, sondern sogar Fundament unseres Daseins. Direkt unterhalb des verführerisch gestalteten Erdgeschoßes liegt das Unangenehme, die im Wortsinn tiefere Wahrheit unseres Lebenshauses.

Ich habe hier eine Frage und eine Übung für Sie. Zuerst die Frage, die ich ersuche ehrlich zu prüfen. Ihr Haus des Lebens hat eine Eingangstür: Wo befindet sich die Türklinke? Ist sie innen angebracht? Gibt es außen nur eine Klingel, die man betätigen muss, um gehört und dann vielleicht eingelassen zu werden? Oder ist die Türklinke außen angebracht und das Tor unversperrt, so dass jeder nach Belieben hereinkommen kann? Erlauben Sie es Menschen, einfach so Ihr Haus zu betreten und alles anzugreifen und zu beurteilen? Können andere Menschen ungefragt etwas in Ihrem Haus abstellen, zum Beispiel Meinungen, Urteile, Ängste und andere qualvolle Dinge, die diese betreffenden Personen irgendwo loswerden müssen? Kann man Ihr Haus des Lebens einfach betreten, indem man von außen die Türklinke niederdrückt und hereinspaziert? Wenn ja, welche Personen dürfen das? Alle oder nur bestimmte? Dürfen diese Personen überall herumtrampeln, oder nur in bestimmten Räumen? Halten Sie bestimmte Stockwerke versperrt? Oder haben Sie Open House for Everyone?

Und hier nun die Übung.

ÜBUNG

Versetzen Sie sich in einen meditativen, träumerischen Zustand. Ich lade Sie ein, sich das Schönste und Begehrenswerteste vorzustellen, was auch immer das für Sie gerade sein mag. Ein Abendessen mit dem Papst, Gitarrist in der Band von Katy Perry zu sein, ein Liebesabenteuer mit zwei Männern zugleich, den Job mit markigen Worten hinschmeißen, jemandem endlich die Meinung sagen, selbst Katy Perry sein, oder eine Kombination von allem. Lassen Sie der Freude freien Lauf. Jetzt einfach frisch und frei vor sich hin träumen. Legen Sie das Buch für fünf Minuten weg, um sich wirklich darauf einzulassen. Und erst dann, nach einer längeren Zeit des Träumens, lesen Sie diese Aufforderung:

Sagen Sie jetzt, warum das alles nicht geht!

Hören Sie auf die innere Stimme. Seien Sie aufmerksam, hören Sie gut hin. Notieren Sie die Sätze, die sofort und spontan aus

den Untiefen Ihres Selbst kommen. »Es geht nicht, weil ...«
»Ja ja, gerade du!« »Immer schön bescheiden bleiben!« Notieren
Sie jeden einzelnen dieser Zurufe. Das sind die Stimmen aus
dem Keller. Jene Programme, die älter sind als Ihre Wünsche
und Träume, älter als Ihre Liebe zu sich selbst. Bevor Sie sich
noch selbst lieben konnten, waren diese Stimmen da und haben
Ihnen gesagt, was nicht geht und warum es nicht geht und
niemals gehen wird.
Und dann?
Loslassen! Sterben lernen.

Leben heißt sterben lernen

»Der Tod ist kein Ereignis des Lebens«, meinte der Philosoph Ludwig Wittgenstein, »den Tod erlebt man nicht.« Das ist das philosophische Handtuch, hinter dem wir uns verstecken, damit wir den Tod nicht sehen und er uns nicht. So wie Kinder sich hinter einem Handtuch verstecken und so tun, als wären sie nun weg.

Und genau so sieht Sterben heute aus. »Kaum verstorben, wird der, der noch einen Augenblick zuvor ein achtbarer Mensch war, nun als armer Toter wie ein Bandit aufgefordert, gefälligst zu verschwinden«, alteriert sich die französische Philosophin und Essayistin Christiane Singer, »keine Totenwachen, kein Abschied. Die einzige Schilderung, die von Mund zu Mund fliegen wird, ist der Krankenbericht der physischen Dysfunktionen, der biologischen Pannen, die ihn das Leben gekostet haben. [...] Eine völlig pervertierte [...], unfreiwillig komische Sprache zieht vor das große Ereignis des Todes den Vorhang eines Herzinfarkts.« Ihr eigenes Sterben hat die an Krebs erkrankte Philosophin später literarisch dokumentiert, das Buch ist posthum unter dem Titel »Alles ist Leben« erschienen. Für sie war der Tod, zumal der eigene, sehr wohl Ereignis des Lebens, das wichtigste überhaupt.

Ich selbst erinnere mich, wie schmerzhaft es für mich als 14-jähriger Bub gewesen ist, mich nicht von meiner geliebten Großmutter verabschieden zu können. Wir waren in das Krankenhaus gefahren, wo sie, vom Krebs verzehrt und wundgelegen, lebend aufgebahrt lag. Ich gierte danach, sie zu sehen und zu umarmen. Meine Eltern hießen mich jedoch, vor dem Krankenzimmer zu warten. Ich hörte, wie meine Oma sagte: »Harald soll mich so nicht sehen.« Ich sah, wie sie ihren Kopf zu mir wandte, und für einen Sekundenbruchteil trafen sich unsere Blicke. Zum letzten Mal. Dann fiel die Tür ins Schloss. Ich musste draußen bleiben. Ein paar Tage danach wurde sie beerdigt. Es war schrecklich für mich. Nicht der Tod an sich, sondern die Unmöglichkeit, mich zu verabschieden. Mir schien ein essenzielles Gebot des Lebens verletzt: das Recht, die ganze Wahrheit zu schauen. »Alles – ob Gebrechen, Krankheit, Wahnsinn oder Tod – hat für das Kind seinen Platz in der Fülle der Schöpfung. Bevor man ihm ihn einprägt, kennt das Kind nicht einmal den Ekel.« (Christiane Singer) Wir veröden seelisch, wenn wir vom Schatten nichts sehen und den Tod nicht wahrhaben wollen. Wenn der Tod des Menschen kein Ereignis des Lebens ist, wie sollen dann der Tod von Ideen und lieben Gewohnheiten, die Trennung von Menschen und Gütern, die Umschichtung von Werten und Glauben je möglich sein?

Eine wahre Geschichte vom Sterben

In einem Krankenzimmer lag eine alte Dame im Sterben. Ihr Gesicht war eingefallen, ihre Lebensenergie weitgehend entwichen. Der letzte große Übergang war zu erwarten. Die anderen fünf anwesenden Damen, ungefähr gleich alt, tuschelten über den zu erwartenden Zeitpunkt des Todes.

Eines Abends begann die Moribunde zu sprechen. Leise stieß sie ein Wort aus, dann noch einmal. Anfangs war es kaum hörbar, dann drang es in den Raum. »Nein«, hauchte sie, »nein.«

»Nein, nein, nein.«

Aber- und abermals sagte sie es. Sie hatte am Abend damit zaghaft begonnen, hatte sich nun darauf versteift und stieß ein ums andere Mal »Nein« aus ihrem eingefallenen Mund hervor, die Augen wohl bereits für immer geschlossen.

»Nein, nein, nein.«

Die letzte Lebensenergie ging in diesem kleinen Wort auf. Die ganze Nacht lang. Bis in den Morgen hinein war das Zimmer erfüllt von diesem Nein.

Dann verging der Tag. Und es kam ein neuer Abend. Und es hallte ein »Nein, nein, nein« durch das Zimmer. Die anfängliche Erschütterung der anderen Patientinnen war zuerst Gleichgültigkeit gewichen und hatte sich dann in Ärger verwandelt. Die Krankenschwestern und Ärzte waren ratlos. »Es wird vergehen«, schien ihr Schulterzucken zu bedeuten. Was konnte man da schon tun?

Sehr zeitig am nächsten Morgen erhob sich die Bettnachbarin der Moribunden und ging leise zum Bett, aus dem das »Nein, nein, nein« drang. Sie beugte zärtlich ihren Mund an das Ohr der Schlafenden und sagte: »Ja.«

Und noch einmal »Ja«. »Ja, ja, ja.«

Das wiederholte sie zu Mittag und am Abend. Die anderen ließen es interessiert geschehen und kommentierten es nicht. In der dritten Nacht kam der Wandel. Plötzlich stieß sie hervor: »Nein, nein, ja, nein, nein, ja.«

Am Morgen lautete es schon »Ja, ja, nein, ja«, und am Abend dann kam die Erlösung. Mit starkem Hauchen, fast in Euphorie, stieß die Frau nur noch »ja, ja, ja!« hervor. Gegen Mitternacht war sie erlöst und nach einem letzten »Ja« war es dann friedlich. Alle konnten endlich wieder schlafen, die alte Dame für immer.

In dem Moment, wo wir zur Verwandlung und zum Übergang bedingungslos »Ja« sagen können, wird es leicht. Solange wir »Nein« sagen und im Widerstand sind, ist es schwer und tut weh. Der große Schmerz im Leben kommt nicht vom Loslassen, sondern vom unbedingten Festhalten.

Das Vorbedenken des Todes verschafft Freiheit

Ein anderer Philosoph, lange vor Wittgenstein, hat eine gänzlich andere Ansicht zum Tod verbreitet und das Leben selbst ganz auf das Ende ausgerichtet. »Wenn wir uns vor ihm [dem Tod] ängstigen, wird er zum Quell unaufhörlicher Qualen«, meinte im 16. Jahrhundert Michel de Montaigne, »das Ziel unserer Laufbahn ist der Tod.« Daher sollten wir das Sterben einfach üben, weil ja doch alles darauf hinausläuft. Montaigne schlug vor, den Tod seiner stärksten Trumpfkarte zu berauben - der Unheimlichkeit! Das macht man, indem man Umgang mit ihm pflegt, sich an ihn gewöhnt, kleine Tode ausprobiert. »Es ist ungewiss, wo der Tod uns erwartet - erwarten wir ihn überall! Das Vorbedenken des Todes ist Vorbedenken der Freiheit. Wer sterben gelernt hat, hat das Dienen verlernt.«

John Donne, ein Zeitgenosse von William Shakespeare, erklärt im Liebesgedicht mit dem Titel »Song« seiner Liebsten, dass er durch die Trennung von ihr den Tod einübe. Da er sterblich sei, sei das sehr angemessen. »Da ich ja doch einmal sterben muss, üb' ich im Scherz den Tod zum Schein.« Und an anderer Stelle des Poems erinnert Donne: »Wie schwach ist doch die Menschenkraft: Sie verlängert keine Stunde und bringt auch nicht Verflossenes zurück.« Wir können also nur im Hier und Jetzt sein und unablässig das Sterben üben, indem wir im Leben durch optionale Tode gehen.

Erst wenn wir zu sterben verstehen, können wir leben! Wenn wir imstande sind, alles gehen zu lassen, können wir auch alles leben, weil es uns nicht mehr bindet. Wenn wir nicht wirklich hingebungsvoll Ja! sagen können zum Loslassen, wird jede Veränderung zum Gaukelspiel. »Plus ça change, plus c'est la même chose«, wie ein französisches Sprichwort sagt. Je mehr wir etwas ändern, desto mehr bleibt es dasselbe. Was soll auch sonst passieren, wenn wir uns zwar kraftvoll ändern wollen, zugleich aber mit selber Kraft am Bisherigen festhalten? Wir finden uns erschöpft im immer Selben.

ÜBUNG

Ich mag Ihnen eine Übung anbieten, welche die Lebenskraft des Todes veranschaulicht. Sie wird Ihnen gefallen. Gehen Sie mit einem geliebten oder begehrten Menschen ins Bett und haben Sie Sex. Lieben Sie so, als wäre es das letzte Mal. So, als gingen Sie danach weg auf eine Expedition, in das Unbekannte. So als gäbe es kein Morgen. Probieren Sie es aus und prüfen Sie, was es mit Ihnen macht.

Wer angesichts des Todes liebt, liebt tief. Jeder Blick, jede Berührung gewinnt an Intensität. Der Augenblick wird gefeiert. Wir sollten jedes Mal, wenn wir Sex haben, unseres Todes gewahr werden. So gewinnt »la petite mort« (der kleine Tod), wie die Franzosen den Orgasmus nennen, eine subtile Bedeutung.

Leben Sie, jetzt!

Wer sterben gelernt hat, hat das Dienen verlernt. Welch machtvolle Erkenntnis, die auch Apple-Gründer Steve Jobs begleitet hat. In jungen Jahren hatte er eine weise Einsicht: »Wenn du jeden Tag lebst, als wäre es der letzte deines Lebens, dann wird das irgendwann einmal auch so sein.« Daran ist nicht zu rütteln. Seine Conclusio daraus: »Seit damals schaue ich jeden Tag in den Spiegel und frage mich: Wenn das der letzte Tag meines Lebens wäre, würde ich das tun, was ich mir gerade vorgenommen habe? Und wenn die Antwort Nein ist, dann weiß ich, ich muss etwas anders machen. Da fallen die Scham und die Angst weg. Du hast nichts zu verlieren angesichts des Todes.«

Jede Handlung gewinnt an Qualität, wenn man sich vorstellt, dass es die letzte des Lebens ist. Stellen wir es uns also vor. Wann immer eine Entscheidung ansteht, es um Gewichtiges geht und man unschlüssig ist, kann man es machen wie Steve Jobs: sich vorstellen, es wäre die letzte Handlung des Lebens. Angesichts des Todes handelt man wahrhaftig. Da muss man keinen Zwang und kein Joch mehr anerkennen, sondern kann die Wahrheit und die Freiheit wählen.

»Die Nützlichkeit des Lebens liegt nicht in der Länge, sie liegt im Gebrauch«, erinnert Montaigne. Leben heißt sterben lernen.

Installieren Sie daher den Tod als ihren treuesten und wahrhaftigsten Berater an ihrer Seite. Nicht dieses Buch, nicht ich, kein Therapeut - niemand kann Ihnen so gut raten wie der Tod.

Machen Sie den Tod zum Coach an Ihrer Seite. Wann immer etwas von Bedeutung ansteht, stellen Sie sich die Frage: »Wenn das der letzte Tag meines Lebens wäre, wie würde ich handeln?«

ÜBUNG

Hier eine Übung zum Übergang. Führen Sie sie gleich jetzt durch. Sie ist nicht ganz so attraktiv wie die vorherige: Stellen Sie sich vor, dass genau jetzt Ihr Mobiltelefon läutet. Sie legen dieses Buch zur Seite, greifen zu Ihrem Handy – unbekannte Nummer, hm – und heben ab. Eine liebevolle Stimme sagt Ihren Namen und setzt dann fort: »Hallo, ich bin's. Du weißt schon wer. Ich habe eine wichtige Nachricht für dich. In drei Stunden wirst du deinen letzten Atemzug machen. In drei Stunden bist du tot. Bis gleich.« Dann knackst es kurz in der Leitung und die Verbindung ist getrennt. Irgendetwas in Ihnen sagt Ihnen unmissverständlich, dass das kein Scherz ist. Schauen Sie auf die Uhr. Wie spät ist es jetzt? Drei Stunden also. Was tun Sie? Legen Sie das Buch zur Seite und lassen Sie es sich durch den Kopf gehen. Genau jetzt, in der Situation, in der Sie gerade sind, haben Sie diesen Anruf erhalten. Was tun Sie? Schreiben Sie es auf.

Der direkte Umweg zum Ziel

Wege der Erleuchtung

Im Jahr 854 u. Z. wurde Linji Abt eines buddhistischen Klosters am Huoduo-Fluss in China und er erlangte Berühmtheit. Seine Predigten wurden auch in Japan, wo man ihm den Namen Rinzai Gigen gab, weitererzählt und schließlich bis zu uns getragen.[10] Zwei der Geschichten von Linji lasse ich, weil sie zusammengehören, auch in meinen eigenen Worten zusammenfließen.

Eines Tages kam ein Mönch zu Linji und sagte, er sei nun schon eine Zeit lang hier im Kloster und sei auch einer der gelehrigsten Schüler des Abtes, wie dieser hoffentlich bemerke, und nun werde er vorstellig mit einer einfachen Bitte. Er würde gerne den schnellsten Weg zur Erleuchtung kennenlernen. Der Abt kenne ihn doch sicher.

Dann war es ruhig im Zimmer. Knisternde Stille breitete sich aus im Raum, in dem der Abt und sein gelehriger Schüler saßen. Man hörte den Morgen durch das offene Fenster kommen. Dann versetzte der Abt Linji dem Mönch eine mächtige Ohrfeige, welche durch das ganze Kloster hallte.

Der Mönch rappelte sich auf, irritiert, verstört, wusste nicht, wie ihm gerade geschehen war. Er dachte, der Abt habe sich verhört, seine Sinne seien vielleicht am frühen Morgen noch nicht scharf gewesen, und vielleicht habe er auch unklar gesprochen, also hob er erneut an: »Abt, verzeiht, es muss ein Missverständnis sein. Ich begehre die Buddhaschaft wie alle Mönche hier und wollte nichts weiter wissen als den kürzesten Weg dorthin.«

Diesmal dauerte es gar nicht lange und der Mönch hatte erneut seine Ohrfeige, nicht weniger mächtig als die erste. Das genügte fürs erste. Der Mönch taumelte aus der Audienz hinaus und in den klösterlichen Alltag.

Es muss ein Missverständnis sein, sinnierte er. Er war wild entschlossen, sich dem Abt verständlich zu machen. Er wollte doch bloß den kürzesten Weg zur Buddhaschaft kennenlernen. Das stehe ihm doch zu. Am nächsten Morgen trug er diesen Wunsch erneut vor, doch er hatte den Satz noch kaum begonnen, da brach eine Ohrfeige wie ein Blitz über ihn herein. Als er hinaustaumelte, hatte er eine Erleuchtung: Es gibt keinen kurzen Weg zur Erleuchtung!

Für denselben Tag war angekündigt, dass ein berühmter weiser Mann das Kloster mit seinem Besuch beehren würde. Tatsächlich trat er nach Mittag durch das Tor des Klosters und wurde in Ehren empfangen. Er wies diese Ehren in Bescheidenheit zurück. Er sei der Ehre nicht würdig, denn er sei nicht erleuchtet.

»Wie denn das?«, begehrten die Mönche erschrocken zu wissen, da sie den Mann sehr verehrten. Er sei nicht würdig, weil er Tausende Jahre meditiert habe. »Tausende Jahre?«, fragten die Mönche. »Ja, Tausende Jahre!«

»Ja, dann«, sagte der Abt Linji, »stimmt es. Der arme Mann hat die Buddhaschaft nicht erreicht, weil er die Buddhaschaft gejagt hat. Man jagt die Buddhaschaft nicht. Man meditiert nicht Tausende Jahre, wo doch die Erleuchtung nur eine Armlänge weit weg ist.«

Und sie empfingen den Gast in Demut und Würde mit einem Anflug von Trauer.

Was wir lernen dürfen: Es gibt keine Abkürzung. Man muss den ganzen Weg gehen. Das Tor finden, dem Türhüter begegnen, prüfen, wofür man brennt, prüfen, woran man glaubt. Zerstören, sterben lassen. Aber: Der ganze Weg ist kurz. Das Ziel ist nur eine Armlänge entfernt. Es ist leicht.

Wenn wir das Wesen des Sterbens und Sterbenlassens erfasst haben, stürmen wir nicht blindlings auf das Neue los, sondern nehmen wie von selbst jenen Weg, den ich den »direkten Umweg zum Ziel« nenne.

Der direkte Umweg zum Ziel führt weg vom Bisherigen und

zugleich weg vom Ziel. Er führt in das Nichts, wo weder das eine noch das andere ist, dorthin, wo pure Schöpfungskraft wohnt.

Loslassen

Erst das Loslassen ermöglicht das Neue. Loslassen ist kein Fallenlassen. Man lässt das, was man nicht mehr will, nicht einfach fallen wie eine heiße Kartoffel. Man verabschiedet es wie einen guten Freund. Immerhin hat man es beherbergt und zugelassen, es aufgehoben und bewahrt. Es war Teil des Selbst und des Selbstverständnisses. Kein Grund also, es plötzlich zu versenken wie ein Mörder sein Opfer. Wenn wir loslassen, sind wir Schaffende. Die Natur lehrt es uns. Die Früchte, die nicht geerntet werden und verderben, sind nicht verloren. Sie gehen ein in den Boden und sind Saat für das Neue. Der Schmerz des Todes geht über in den Schmerz der Geburtswehen. Das Neue entsteht aus der Asche des Alten.

Loslassen ist eine große mystische Übung. Am besten übt man vielleicht tatsächlich, indem man seine Wohnung und den Keller aufräumt. Und zwar so, dass man jedes Teil in die Hand nimmt und abwägt. Was ist das? Woher kommt es? Brauche ich es noch?

Wenn man das erfolgreich bewerkstelligt hat, kann man beginnen, den inneren Keller aufzuräumen und jedes Erinnerungsstück, das in Geist und Seele hochkommt, in die Hand zu nehmen. Was ist das? Woher kommt diese Empfindung? Brauche ich sie noch?

Wenn wir das losgelassen haben, was wir nicht mehr brauchen, geht es daran, das loszulassen, was wir brauchen oder zu brauchen meinen. »Ich brauche dich!«, sagen Menschen in der Liebe gerne und halten es für Tiefe. Doch das ist eine Fallgrube. Wir stellen uns selbst und anderen Menschen jene Fallen aus Brauchen und Gebrauchtwerden, in die wir hineinstolpern und die uns binden. Ich brauche dieses Haus, dieses Auto, dieses neue Gadget, ich brauche - dich! Wir sind alle liebende Romeos und Julias, doch wir scheitern heute nicht am Widerstand verfeindeter Familien, aber wir scheitern. Wir scheitern an der Unfähigkeit loszulassen. »Nach dem großen Ja zur Verschmelzung scheitern wir am großen Nein gegen die gemeinsame Wandlung.« (Peter Schellenbaum)

Die Verwandlung braucht das Loslassen. Wie ist es Ihnen bei der letzten Übung zur Begegnung mit dem Tod gegangen? Wenn man sie wirklich ernst nimmt, ist sie unglaublich erhellend. Man erkennt, dass sich in den drei Stunden, die man laut »Spielanweisung« noch zu leben hat, nichts mehr ausgeht. All die unerledigten Dinge, ungelösten Knoten und offenen Rechnungen brechen als Tränen hervor. So viele Briefe zu schreiben und Telefonate zu führen und Dinge zu tun. Mein persönlicher erster Impuls bei dieser Übung war: zumindest meine Tochter noch einmal sehen. Und dann dachte ich: wozu? Was bisher nicht gesagt worden ist, kann nun auch nicht mehr gesagt werden.

Genau das ist die Lehre dieser Sterbeübung. Sie zeigt unmissverständlich auf, was alles noch getan werden müsste und zeigt zugleich, dass es jetzt, im Angesicht des Todes, zu spät ist. Warum also warten? Tun Sie, was zu tun ist - jetzt! Die australische Krankenpflegerin Bronnie Ware, die jahrelang Sterbende begleitet hat, hat ihre Erfahrungen in einem Buch verarbeitet. Unter den »Fünf Dinge(n), die Sterbende am meisten bereuen« (so der Buchtitel) finden sich weder Shopping noch Fallschirmspringen oder ähnliche Banalitäten. Die nie erwachte Selbstliebe, verpasste Glückssuche und mangelnde Pflege von Freundschaften führen die Liste des Bedauerns an. »Viele Leute denken oft: Ich habe ja keine andere Wahl. Aber daraus besteht doch das ganze Leben: sich für das eine oder andere zu entscheiden«, schreibt Ware. Die Kunst, sich zu verändern, will beizeiten gelernt sein. Ware beschreibt die Bedingungen des wahren Sterbens, hier in dem Buch war es nur eine vergleichsweise harmlose Übung.

VerwandlungskünstlerInnen lassen daher in tiefer Liebe los und sind offen für den Strom der Verwandlung. Manchmal bekommen sie das, was sie losgelassen haben, doppelt zurück, eben weil sie es gehen ließen. Dieses Paradoxon versteht nur, wer durch die Stille und das Chaos gegangen ist, die dem Loslassen folgen.

Eintritt in die Stille

Wenn wir wirklich loslassen - ohne dass eine Hintertür offensteht oder ein Netz gespannt ist -, entstehen Stille, Weite, Unendlichkeit. Man betritt auf seiner Verwandlungsreise jenen Abschnitt, den Wanderer auf dem Jakobsweg gut kennen. Es gibt dort einen Abschnitt, welcher »Der mystische Tod« genannt wird. Es ist jene Teilstrecke, wo das Auge keinen Anhaltspunkt hat und der Ort, den man in der Ferne anvisiert, nicht näher kommt. Der Autor und Kenner des Jakobsweges Michael Vogler beschreibt dieses Wegstück: »Unendlich weitet sich der Horizont. Über weite Strecken ist er nur ein Strich. Nichts hält das Auge fest. Im Sommer ist die Vegetation trocken und gelb. Die Erde ist ausgedörrt und weiß. Alles wirkt tot. Dazu ist die Luft trocken und klar. Man sieht unendlich weit. Nichts hält den Blick fest. Nur selten steht ein Baum in dieser Landschaft. Wenn man kalkuliert, dass man vielleicht in zehn Minuten an einem Baum sein wird, dann stellt man nach einer Stunde fest, dass er optisch kaum größer geworden ist. Der Grund dafür ist, außer der klaren Luft, dass es hier kaum Referenzpunkte gibt, an denen man seine eigene Bewegung feststellen könnte.

In dieser Landschaft reduziert sich alles auf wenige Dinge. Die Sonne scheint, der Wind weht, die Grillen zirpen. Außer dem Wind, den Grillen, dem eigenen Schritt und dem Schlagen des eigenen Herzens ist nichts zu hören. Vor allem im Sommer am Wegrand nur vertrocknetes Gras und dahinter endlose Weizenfelder.

Diese Strecke ist knapp 200 km lang. Die Ortschaften sind zudem weit auseinandergezogen. Das heißt, dass man die meiste Zeit allein ist. Allein mit sich, der Sonne und seinen Schritten. Und nichts, was auch nur irgendeine Abwechslung, eine Ablenkung von dieser Monotonie bedeuten könnte.

Auf diesem Teil der Strecke kommt nahezu jeder Pilger an die Grenzen seiner mentalen Kraft. Irgendwann fragt er sich, was das alles eigentlich soll, was er denn hier wollte. Es geht ihm sogar der Glaube daran verloren, dass er irgendwann aus dieser wüstenähnlichen Landschaft herauskommen würde.

In der Literatur wird diese Etappe meistens ausgeblendet. Aber ohne sie gibt es keine Veränderung, kein Begreifen, worum es im Leben wirklich geht.«[11]

Wer wirklich loslässt, geht in diesen Raum der Stille, wo man nicht weiß, wie es weitergeht. Man lässt los, weil es so, wie es ist, nicht weitergehen kann und man daher in einen Zustand muss, in dem man nicht weiß, wie es weitergeht. Es ist nicht leicht, so einen Zustand der Ungewissheit anzustreben. Die Menschen wollen die Kontrolle behalten. Sie wollen etwas loslassen und zugleich das andere schon in der Hand haben.

Doch dazwischen gibt es den Raum des Unkontrollierbaren. Die mehr oder minder kurze Zeitspanne des Chaos, wo man nicht weiß, was passiert. Man geht durch das Tor und ist nicht mehr im alten Raum, aber auch noch nicht im neuen. Man ist im Türstock, im Übergang, im Niemandsland. Und dieser Zwischenraum kann eine Sekunde oder ein Jahr dauern. Es ist der Sprung des Artisten am Trapez.

Stille und Chaos

Dieser Zwischenort ist der Ort zwischen Anarchie und Erstarrung, zwischen dem total Ungeordneten und dem total Geordneten. Der Biologe Joël de Rosnay meint, dass wir diesen Übergangszustand, diese Existenz am Rande des Chaos, überhaupt als dauerhaften Lebenszustand akzeptieren sollten, denn wir bewegen uns idealerweise ohnehin zwischen Turbulenz und starrer Ordnung, ohne das eine oder das andere jemals zu wollen. Wir müssen ein Gleichgewicht zwischen der Skylla der Unordnung und der Charybdis der Verknöcherung herstellen.[12]

Dieser Raum des Übergangs, wo man das eine loslässt und das

andere noch nicht hält, ist der Raum, in dem alles möglich ist. Es ist der Raum des inneren Wissens. Vor lauter äußerem Input und innerem Gedankenlärm hören wir es ja kaum mehr - das innere Wissen, welches nicht im Kopf sitzt, sondern tiefer in uns. Also: Geben wir dem Klangkörper der inneren Weisheit Raum und hören wir auf seine Melodie. Lassen wir das, von dem wir ohnehin instinktiv fühlen, dass es sterben will, endlich los. »Was fällt, das muss man stoßen«, hat Nietzsche angemerkt. Irgendwann, wenn man es mit dem Weg in die Veränderung ernst meint, muss man dorthin kommen, das Fallende zu stoßen. Das Neue kann nicht Gestalt annehmen, wenn das Alte noch Kontur hat. Erst wenn es ruht und friedvoll eingeackert ist, kann es seine letzte Aufgabe erfüllen - Frucht für das Neue zu sein.

Kommen lassen
Der dritte Schritt ist der Schritt der Neugeburt und er ist von derselben Gelassenheit getragen wie das Sterbenlassen und das Erlebnis der Stille zuvor.

Im Herausgehen aus der Stille kann man nicht zu laufen beginnen. Niemand, der eine Woche fasten war oder eine andere Form wahrer Auszeit verbracht hat, vermag das. Am ersten Tag nach dem Fasten kann man nicht Speck und Knödel in sich hineinstopfen, und am ersten Tag nach einer Auszeit kann man nicht wieder zwölf Stunden vor dem Bildschirm sitzen. Alles macht es unmöglich - der Geist, der Körper und die blankgeputzte Seele. Manchmal kann man nie mehr zurück in das alte Selbst, die Schmetterlingsgene haben die Überhand bekommen.

Das Neue nimmt langsam Gestalt an. Man lässt es kommen. Man »lauscht dem aus sich Werdenden«, wie Martin Buber es beschreibt. Durch das Loslassen und die Stille hat man sich für das Neue geöffnet und ist nun wie ein auf Empfang geschaltetes Radar.

Es gibt nichts mehr zu tun. Der Schmetterling schlüpft aus dem Kokon.

Man muss den Dingen
die eigene, stille
ungestörte Entwicklung lassen,
die tief von innen kommt
und durch nichts gedrängt
oder beschleunigt werden kann,
alles ist Austragen – und
dann Gebären ...
Reifen wie der Baum,
der seine Säfte nicht drängt
und getrost in den Stürmen des Frühlings steht,
ohne Angst,
dass dahinter kein Sommer
kommen könnte.
Er kommt doch!
Aber er kommt nur zu den Geduldigen,
die da sind, als ob die Ewigkeit
vor ihnen läge,
so sorglos, still und weit...
Man muss Geduld haben
Mit dem Ungelösten im Herzen,
und versuchen, die Fragen selber lieb zu haben,
wie verschlossene Stuben,
und wie Bücher, die in einer sehr fremden Sprache
geschrieben sind.
Es handelt sich darum, alles zu leben.
Wenn man die Fragen lebt, lebt man vielleicht allmählich,
ohne es zu merken,
eines fremden Tages
in die Antworten hinein.

(Gedicht von Unbekannt nach einem Brief von
Rainer Maria Rilke an Franz Xaver Kappus)

ÜBUNGEN

Hier ein paar Übungen zur Einstimmung in das Loslassen, die Stille und das Kommenlassen.

▶ *Es bewährt sich, dem Loslassen ein Ritual zu widmen, das man immer wieder durchführen kann und soll. Schreiben Sie das, was es loszulassen gilt, auf einen Zettel und verbrennen sie ihn. Aber mit Bedacht. Langsam. Stimmen Sie sich auf die »Feuerbestattung« ein. Machen Sie Feuer in einer Feuerschale, oder, wenn das nicht geht, dekorieren Sie einen Platz am Tisch mit Blumen oder anderen Materialien und Symbolen. Entzünden Sie dann eine Kerze. Wenn es mehr als eine Sache loszulassen gilt, so schreiben Sie jede auf einen separaten Zettel. Seien Sie nicht zu schnell mit dem Verbrennen. Betrachten Sie die Zettel noch einmal und bedanken Sie sich für das Gewesene. Es hat zu Ihrem Leben gehört, war Bestandteil Ihres Alltags. Aus irgendeinem Grund war es wichtig für Sie. Sagen Sie »Danke« und dann erst übergeben Sie den Zettel dem Feuer. Bitten Sie um Verwandlung. Bedenken Sie, dass das Feuer Ihre Vergangenheit nicht auffrisst und auslöscht. Das Feuer verbrennt wohl Gegenstände, lässt aber immer etwas zurück – nämlich Asche. Diese Asche ist Dünger für das Neue. Das ist das Wesen der Verwandlung. Wir übergeben etwas Altes der Verwandlung und lassen das Neue daraus entstehen.*

Hantieren mit Feuer ist nicht jedermanns Sache und es ist auch wirklich Vorsicht geboten (stellen Sie auf jeden Fall einen Kübel Wasser neben die Stelle, an der Sie das Verbrennungsritual vollziehen, damit Sie das Feuer notfalls löschen können). Sie können aus den Zetteln auch kleine Schiffchen basteln und sie an einem Fluss aussetzen, sie sozusagen dem Fluss des Lebens übergeben. Sie können die Zettel vergraben und darum ersuchen, dass sie auf diese Art Dünger für das Neue sein mögen. In Sri Lanka legt man das Alte gedanklich in eine Kokosnuss und wirft sie dann eine Klippe hinunter, sodass sie zerschellt. Sie können Ihre eigene Symbolik und Ihr eigenes Ritual finden. Wiederholen Sie dieses Ritual wieder und wieder. Ich habe mit Seminargruppen, zu Anlässen wie Sonnwendfeuer, aber auch alleine, so oft das Alte verbrannt, dass ich es nicht mehr zählen kann. Jede Wiederholung verbindet Sie mit der Idee der Verwandlung und erlaubt es Ihnen, sich mit dem Loslassen vertraut zu machen.

▶ Gleich im Anschluss können Sie sich der Stille widmen. Bleiben Sie nach dem obigen Verwandlungsritual eine Stunde in Stille. Machen Sie die Stille zum Bestandteil Ihres Lebens. Gönnen Sie sich einmal im Monat einen Stille-Tag, wo Sie vom Aufstehen bis zum Schlafengehen nicht reden und sich tunlichst nicht von Fernsehapparat, Computerspielen oder Internet ablenken lassen. Besonders kraftvoll ist es, wenn Sie sich mit Ihrem Lebenspartner darauf einigen, einen Tag gemeinsam in Stille zu verbringen. Machen Sie mit Freunden und Freundinnen eine längere Wanderung und vereinbaren Sie totale Stille bis zur Ankunft.

▶ Das Kommenlassen üben Sie am besten, indem Sie sich selbst überraschen. Gehen Sie in ein Konzert, bei dem Sie keine Ahnung haben, wer die auftretende Band überhaupt ist und was für Musik die machen. Fahren Sie an irgendeinen Ort in der nahen oder fernen Umgebung, an dem Sie noch nie waren, ohne sich vorher zu informieren, was es dort gibt (oder nicht gibt). Gehen Sie dort spazieren, in ein Museum oder was auch immer sich anbietet und Ihnen in den Weg kommt. Schreiben Sie Dinge, die Sie wahnsinnig gerne tun würden, auf einzelne Zettel, werfen Sie sie in eine Box und ziehen Sie am nächsten freien Tag einen heraus. Tun Sie dann genau das, was auf dem Zettel steht. Vergessen Sie dabei nicht, auch einen Zettel mit der Aufschrift »gar nichts« in die Box zu werfen.

Woran merke ich, dass ich mich verändert habe?

»Das ist ja wie ein offenes Ende bei einem Film«, sagte einmal etwas betrübt ein Teilnehmer auf einem Seminar, »wie denn, kommen lassen? Was kommt denn?«

Ich weiß es nicht. Ich schreibe nicht die Drehbücher für die einzelnen Leben. Es gibt einen Prozess der Verwandlung, bei dem wir im Haus des Lebens umhergehen, Glaubenssätze in die Hand nehmen und wägen, zwischen Dachboden und Keller hin und her stürmen und aufräumen. Und vielleicht ist dieser Prozess, wie es dem Putzvorgang eigen ist, nie fertig. Das Abstauben ist ein lebenslanger Vorgang. Der Unterschied liegt in der Bewusstheit und Präsenz, mit der man putzt. Mit dem Leben ist man erst fertig, wenn man stirbt.

Der Fragesteller blieb hartnäckig: »Woran merke ich denn, dass ich mich verändert habe?«

Wie sollte ich das denn beantworten? Ich grübelte und merkte: Man merkt oft gar nicht, was wirklich passiert. Irgendwann denkt man: »Sieh an, vor einem Jahr hätte mich diese Situation mächtig aufgeregt und heute ist sie mir völlig gleichgültig.« Das ist die Antwort. Die Verwandlung kommt schleichend. Man bemerkt sie nicht im Moment, sondern erst retrospektiv.

Verwandlung kommt zuerst gar nicht, dann plötzlich. Das »gar nicht« ist eine Latenzphase, während der scheinbar nichts passiert, in Wahrheit aber unendlich viel. Es ist bloß nicht wahrnehmbar, weil es langsam in den Alltag diffundiert. Man spürt nur die Ungeduld.

Dann plötzlich! Plötzlich passiert etwas und wir wundern uns. Wie jetzt? Aber es ist bloß die logische Konsequenz all der kleinen, unmerklichen bisherigen Schritte. Es ist nicht »plötzlich«

passiert, es ist längst da. Das einzig Plötzliche ist der Blick, der das Neue und Andere erkennen kann.

Man merkt es auch, wenn man an einen Punkt im Leben kommt, an dem man schon einmal war, und sieht: Es ist ähnlich, aber ist nicht das Gleiche. Ich bin weiter als das letzte Mal. Es ist jetzt einfach die nächste Kleinigkeit zu erledigen. Ich habe mich nicht im Kreis bewegt, sondern auf einer aufwärts führenden Spirale.

Manchmal spürt man Veränderung so, wie Osho es beschreibt: »Du bist augenblicklich ein anderer Mensch. Du fühlst dich nach oben gezogen. Egal was du tust, es ist plötzlich irgendwie anders.«

Der Ökonom Claus Otto Scharmer versucht, das zu präzisieren: »Es gibt eine Erhöhung der individuellen Energie und eine Steigerung der Aufmerksamkeit. Es kommt zu einer Vertiefung von Authentizität und Präsenz. Es ergibt sich ein klares Richtungsverständnis.« Vielleicht kann man das Gefühl der Veränderung mit einem Gefühl des Unwohlseins, gepaart mit Euphorie, zusammenfassen. Man spürt, dass man nicht mehr in seine bisherige Welt passt und sich häutet, so wie eine Schlange, der die Haut zu eng geworden ist. Man wird eben ver-rückt, an andere Stelle gesetzt. Scharmer nennt es »eine Ablösung vom alten Körper« und eine »Erschließung der höchsten Zukunftsmöglichkeit«. Es schmerzt ein wenig und macht unendlich glücklich. Die Ablösung vom Alten tut weh und das gleichzeitige Andocken an das Neue euphorisiert.

Aber eigentlich ist es gar nicht an mir, die Frage ausführlich zu beantworten. Ich drehe sie einfach um und frage Sie, lieber Verwandlungskünstler, liebe Verwandlungskünstlerin: »Woran werden Sie merken, dass Sie sich verändert haben? Woran werden Sie merken, dass sich etwas verändert hat?«[13] Wenn Sie diese Frage beantworten können, dann haben Sie ab sofort ein überprüfbares Ziel.

ÜBUNG

Nehmen Sie das gleich als Übung. Beantworten Sie die Frage: Woran werden Sie merken, dass Sie Ihr Ziel erreicht haben? An welchen Details werden Sie es erkennen? Wie wird es sich anfühlen? Versuchen Sie sich wirklich in die neue, ersehnte Situation hineinzudenken und hineinzufühlen. Wie wird es sein? Was spüren Sie? Verbinden Sie sich mit diesem Gefühl, wieder und wieder. Das ist der Faden, der Sie mit der bestmöglichen Zukunft verbindet. Mit dieser Übung probieren Sie die erwünschte Zukunft an, so wie man in einer Boutique Kleidungsstücke anprobiert. Leben und fühlen Sie sich in das Neue hinein.

Königswürde

Ich bin in meinem Leben die sprichwörtlichen tausend Tode gestorben, habe Veränderung ersehnt und erlitten. Die Wandlungen zogen manchmal so schnell dahin wie die Wolken am Himmel von Schottland. Mal habe ich mich am Ufer des Lebensflusses an überhängende Äste geklammert und gehofft, mich halten zu können. Mal bin ich mutig in der Mitte des Stroms geschwommen und hatte eine unheimliche Freude am Rauschen des Wasserfalls vor mir. Wenn das Rauschen wirklich bedrohlich wurde, wollte ich ans Ufer kraulen, aber es war viel zu spät. Ich stürzte ins Unbekannte. Neugierde, Lust, Angst, Widerstand – ich kenne den ganzen Reigen. Ich habe eine Neigung, das Leben auszukosten und in all seinen Facetten verstehen zu wollen. Das macht mich so gefährlich für mich. Ich lasse mir keine Ruhe, obwohl ich manchmal wirklich müde bin von all diesen Aufwallungen, die ich mir verursache. Ich staune über mich und das Leben.

Und ich lerne, an das Unmögliche zu glauben und dem Leben zu vertrauen. »Ich halte alles für möglich und glaube nichts blind«, wie der Heilpraktiker und Coach Veit Lindau schreibt.

Dieses Buch habe ich auf Schloss Eschelberg, einem wunderbaren, stillen und heilsamen Ort in Oberösterreich geschrieben. Ich wohne und arbeite hier mit meiner zweiten Frau unter köstlichen Bedingungen. Wir sind hier ganz alleine. Wenn ich abends das Tor mit einem großen, schmiedeeisernen Schlüssel versperre, ist niemand mehr hier, nur der Marder am Dachboden und die Turmfalken. Morgens taucht die Sonne den Schlosshof vor dem Fenster in zartes Rosa, der Bach rauscht in der Nähe.

Dieses Paradies gehört mir nicht, ich habe auch keinen Onkel in Amerika, der mir das ermöglicht, der Eigentümer schenkt uns nichts und ich kann auch keinen Lottogewinn ins Treffen führen. Ich glaube nicht an Lotto. Ich glaube daran, dass die Welt so ist, wie wir sie sehen. Ich glaube, dass die Zukunft völlig unmöglich sein kann. Meine Partnerin und ich haben uns gemeinsam die schönste Zukunft vorgestellt, sie auf großen Papierbögen festgeschrieben und gezeichnet, diese Bilder gerahmt und aufgehängt und sie uns laufend ins Gedächtnis gerufen. Und dann haben wir etwas dafür getan. Wir haben überlegt: Wer kennt jemanden, der jemanden kennt, der ein Landgut oder ein Schloss oder etwas Ähnliches besitzt. Wir haben recherchiert und uns Häuser angeschaut und schließlich hat meine Lebenspartnerin einen entscheidenden Brief geschrieben. Darum bin ich hier. Vielleicht nicht auf ewig, aber – jetzt.

Es ist ein ganz normales Wunder! Das Leben ist voll davon. Und es gibt Tausende Wunder, die nicht abgeholt wurden. Sie wurden nicht erträumt, nicht für möglich gehalten, nicht angestrebt. Sie sind da, warten wie reife Früchte auf einem Baum, aber niemand geht hin und pflückt sie.

Das Geschenk des Königs

Lassen Sie mich noch eine Geschichte erzählen. Sie handelt von einem König, der die ungewöhnliche Idee hatte, sein Reich der bestgeeigneten Person in seinem Land zu übergeben. Er selbst war alt geworden und seine Kinder interessierten sich nicht sonderlich für Staatsgeschäfte, und für besonders geeignet hielt er sie offen gestanden auch nicht. Also schickte er seine Herolde los und ließ verkünden, dass am nächsten Sonntag jede Person, die sich für geeignet hielt, das Königreich von ihm zu übernehmen, am Hof mit einem Festmahl empfangen werde. Jeder könne sich frei bewegen, sich alles anschauen, am Hofe tun, wie ihm beliebe. Wer dann bereit sei, müsse nur um eine Audienz ansuchen. Der König werde sie in der Reihenfolge der Ansuchen gewähren und dann mit dem jeweiligen Probanden sprechen. Es gebe keine Auflagen und Einschränkungen. Jede Dame und jeder Herr sei willkommen.

Das Volk staunte sehr, und als der Sonntag kam, blieben viele zuhause. Sie konnten es nicht glauben, waren misstrauisch oder meinten einfach, das wäre nichts für sie. Viele aber machten sich auch auf den Weg. Sie erreichten das Schloss und fanden es geschmückt vor. Sie wurden von Dienern empfangen und in eine Garderobe gebeten. Dort konnten sie baden und sich mit feinen Ölen salben und ihre Gewänder tauschen gegen feinen Zwirn, gegen Samt und Seide. Ihnen wurde beschieden, dass sie die Gewänder am Ende des Festes zurückgeben müssten, die Fläschchen mit den feinen Essenzen könnten sie aber gerne als ihr Eigentum betrachten. Die Leute waren entzückt. So eine Pracht. Solche Wohlgerüche.

Die Freude steigerte sich, als sie in den Speisesaal gebeten wurden. Vor der Audienz, so wurde ihnen gesagt, könnten sie gerne noch speisen, falls ihnen danach gelüste. Falls nicht, sei es auch recht, der König sei anwesend und ein Diener werde jeden Gast ab sofort zu ihm geleiten. Ach, essen wollten sie schon. Es duftete zu köstlich. Es gab Fasan und feinste Kräuter und Speisen, die viele noch nie zuvor gesehen oder gerochen hatten. Dazu wurde der beste Wein aus dem Keller des Königs serviert. Ah und Oh sagten die Leute und nahmen Platz. Die Freude war unermesslich. So ein Glück, meinte einer. Es lebe der König, schrie ein anderer und schenkte sich noch einmal ein. Eine Dame winkte einen Diener zu sich und sagte: »Ich brauche unbedingt dieses Rezept.«

Die Stimmung war bald zum Besten. Aus der Küche wurde Gegartes und Gekochtes, Gegrilltes und Gesottenes gereicht, trockene und süße Weine wurden aus dem Keller gebracht und manche standen schon mit einem Likör und einem Törtchen im Garten. Bald lagen sie im Gras an den Teichen und – wer hätte das gedacht – Troubadoure ließen Balladen hören und hinten am Brunnen spielte eine Harfenistin. Manche stöberten in der Bibliothek und staunten über die Vielzahl an klugen und amüsanten Büchern. »Das sollte man alles besitzen«, lachte einer.

»Das wäre was«, antwortete ein anderer. »Ich würde ja ein Gesetz erlassen, welches das alles für alle zugänglich macht«, sagte eine Dame, und alle nickten und nippten an ihren Gläsern.

Es wurde spät, die Abendsonne rötete den Schlossteich. Die Diener mahnten die Ermatteten und Trunkenen und auch die wenigen, die noch halbwegs bei Sinnen waren, zum Aufbruch. Es sei nicht mehr viel Zeit, sagten die Diener, der König warte. Als die Leute das hörten, stopften sie sich noch die Taschen voll mit Speisen und einer Flasche Wein. Sie tauschten ihre feinen Gewänder wieder gegen ihre Lumpen, gegen Handwerkskleidung und bürgerliche Anzüge, rafften noch an sich, was sie in die Finger bekamen, und taumelten aus dem Schloss nach Hause in ihre Häuser, Höfe und Baracken, je nachdem, woher sie gekommen waren. Dorthin kehrten sie zurück und konnten ihr Glück kaum fassen, dass sie es an diesem Tag so schön gehabt hatten.

Die Nacht brach an und es war still im Schloss. Der erste Minister öffnete die Tür zu den Gemächern des Königs und fand einen ungeduldigen Herrscher vor. Was denn nun sei, fragte er und trommelte mit seinem goldenen Zepter auf den Tisch.

Alle seien fort, sagte der Minister. Ob denn niemand zu ihm gewollt habe, um statt ihm König zu werden und das Land zu regieren, fragte der König. »Gewollt wohl schon«, meinte der Minister, »ich denke, gewollt hätten sie schon, aber sie haben es einfach vergessen.«

»Die Öle und Weine, das bisschen Schnickschnack und all der Tand haben ihnen gereicht?«, wunderte sich der König. »Ich fürchte: ja!«, sagte der Minister, »der Duft und das Glitzern haben sie abgelenkt.«

»Wer sich mit Tand zufriedengibt, hat keine Königswürde«, sagte der König.

Verwandlung in Kürze

Jeder von uns trifft tagtäglich die Entscheidung, ob er die Königswürde anstreben möchte, ob er seine Schmetterlingsflügel annehmen mag, ob er bereit ist, vom Leben alles zu nehmen und dafür auch alles zu geben. Das Paradies ist kein Wunder. Es ist eine Entscheidung.

Ich darf Ihnen jetzt noch einige kleine, leicht verdauliche Häppchen als Wegzehrung mit auf die Reise geben. Es handelt sich teilweise um kleine Snacks, die Sie aus dem Buch schon kennen, hier einfach noch einmal als Kostprobe und Appetitanreger aufbereitet. Teilweise garniere ich das hier jetzt auch noch mit ein paar zusätzlichen Gewürzen. Nehmen Sie es als Quick-Menü zur Verwandlung.

Zukunft ist nicht die Verlängerung der Vergangenheit

Die Vergangenheit ist vorbei. Die Zukunft ist offen. »Zukunft ist nicht die Verlängerung der Vergangenheit«, wie Karl Popper anmerkte. Niemand zwingt Sie, heute das zu tun, was Sie gestern getan haben. Das Leben findet an einem einzigen Ort statt: im Jetzt. »Das Jetzt ist immer.« (Osho)

Sie können Ihr Verhalten nicht ändern – aber Ihren Glauben

Der am weitesten verbreitete Fehler: Änderungen auf der Verhaltensebene versuchen. »Ab morgen mache ich es anders!« Vergessen Sie es! Es geht nicht. Gehen Sie an die Quelle. Zu den Wertvorstellungen und Glaubenssätzen. Finden Sie heraus, warum Sie das tun, was sie tun. Es steckt immer ein Glaubenssatz dahinter. Finden Sie ihn. Drehen Sie ihn um. Glauben Sie probehalber einmal das Gegenteil.

Glaube ist kein Naturgesetz –
Sie können wählen

Sie können Ihre Glaubenssätze nicht einfach so ändern? Warum eigentlich nicht? Vom englischen Coach Arjuna Ardagh habe ich folgende Fragen gehört: »Wenn Sie Ihren Glaubenssatz auf der Speisekarte eines Restaurants finden, würden Sie ihn bestellen? Würden Sie ihn Ihren Freunden oder Ihren Kindern empfehlen? Haben Sie einen Eid geleistet, diesen Glaubenssatz aufrecht zu erhalten, oder eine Vereinbarung mit jemandem getroffen, diesem Glaubenssatz treu zu bleiben?«

Verschärfte Variante: Könnten Sie sofort zu rauchen/zu trinken/etc. aufhören, wenn das Leben Ihrer Kinder davon abhinge? Würden Sie das Leben Ihrer Kinder (oder Freunde) für ein paar Zigaretten/ein paar Flaschen Wein/eine Überzeugung opfern?

Es ist ja nur eine theoretische Frage. Aber vielleicht hilft schon das Nachdenken darüber.

Energie folgt der Aufmerksamkeit

Wo man die Aufmerksamkeit hinlenkt, geht auch die Energie hin. Wenn Sie Ihre Aufmerksamkeit auf alles richten, was nicht geht, dann schenken Sie dem, was nicht geht, auch Ihre Energie. Und dann geht es nicht. Probieren Sie stattdessen, die Aufmerksamkeit auf das Angenehme und Schöne zu legen, auf das, was gut und wertvoll ist, auf das, was Sie wollen!

Verständnis folgt der Veränderung

Viele Menschen wollen zuerst verstehen, bevor sie etwas tun. Sie meinen, es braucht ein tiefes Verständnis des Systems, bevor man es verändern kann. In Wahrheit kann man das System aber erst dann verstehen, wenn man es zu verändern beginnt. Es hat schon einen Grund, warum Kinder alles zerlegen. Also vergeuden Sie keine Zeit damit, die Partnerschaft, die Familie, die Firma, den Staat etc. verstehen zu wollen, sondern ändern Sie etwas. Wenn Sie das tun, werden Sie zu verstehen beginnen. Das gilt übrigens auch für Sie selbst. Wenn Sie sich selbst verstehen wollen, dann ändern Sie sich. Indem Sie sich ändern, beginnen Sie sich zu verstehen. Veränderung ist der beste Weg zur Selbsterkenntnis. Umgekehrt ist es mühsam und langwierig und fruchtlos.

Veränderung braucht Veränderung

Wie soll etwas anders werden, wenn man nichts verändert? Fangen Sie irgendwo an. Eine neue Frisur, ein anderes Umfeld, andere Ernährung, neue Kulissen, Menschen, Beziehungen, irgendetwas, und wenn es noch so klein ist. Verändern Sie etwas, damit sich etwas verändern kann.

Vorsicht, Seelengefährten

Wir fühlen uns wohl bei Menschen mit ähnlichem Selbstwertgefühl und ähnlicher Weltsicht, weil wir »Seelengefährten« suchen. Wenn wir aber etwas ändern wollen, dann kann das fatal sein. Schwäche sucht Schwäche, Mittelmaß sucht Mittelmaß; jemand, der meint, alleine könne man nichts machen, ist meist umgeben von einer Million Menschen, die das Gleiche meinen. Die Verbindung zweier Täler macht noch keine Anhöhe. Also Vorsicht vor Seelengefährten. Sie bestätigen nur das Bekannte.

Brennt der Hut oder brennt das Herz?

Wenn der Hut brennt, dann muss man. Man kann nicht mehr weiter in diese Richtung und muss in eine andere. Die Wahlmöglichkeiten sind gering. Schade um die vielen Möglichkeiten. Schauen Sie doch lieber beizeiten, ob das Herz brennt und wofür. Gehen Sie dorthin. Das bringt mehr Wahlmöglichkeiten und es ist freudvoller.

Angst vor der eigenen Größe

Wir haben Angst vor unseren Untiefen und Schattenseiten, und – als würde das nicht schon das Leben zu einer halben Sache machen - wir haben ebenfalls Angst vor unserer Größe und unserer Schönheit, vor unserer Kraft und unseren Talenten. Wollen wir so leben, in Angst vor uns selbst, in einem »warmgefurzten Mittelmaß« (Veit Lindau)? Wenn wir alle unser Licht unter den Scheffel stellen, ist es dunkel auf der Welt. Tun Sie endlich, wofür Sie auf der Erde sind, und nicht das, wofür Sie bezahlt werden. Das, wofür Sie wirklich da sind, ist kein Hobby, sondern Vollzeitbeschäftigung. »Do what's good for you or you're not good for anybody«, sang einst Billy Joel.

Gehen Sie in die Stille

Gehen Sie alleine auf eine Almhütte, fahren Sie alleine auf Urlaub, gehen Sie eine Woche fasten. Alleine! Für zumindest eine Woche. Verwechseln Sie Auszeit nicht mit Wellness. Von einer Anwendung zu anderen zu schreiten, bei permanentem Hintergrundgedudel seichter Weltmusik, zwischendurch eine Verkostung veganer Vitaldrinks, ist bloß die esoterische Variante von Ballermann. Sie brauchen Reduktion, weniger, am besten gar nichts. Von allem! Gehen Sie in die Stille.

Beschäftigen Sie sich mit Ihrem Tod

Machen Sie Ihr Testament. Ordnen Sie, was zu ordnen ist. Üben Sie das Sterben. Verlassen Sie Räume und Menschen so, als kämen Sie nie wieder. Erledigen Sie, was angesichts des Todes zu erledigen ist. Handeln Sie, wie angesichts des Todes zu handeln ist. Lieben Sie so, als wäre es das letzte Mal.
Und jetzt ... leben Sie!

Literatur

Diese Werke haben mich in meiner Jugend viel über das Leben und die Veränderung gelehrt

Woody Allen, Zelig, Film von Woody Allen, 1983

Michael Ende, Die unendliche Geschichte, Thienemann, Stuttgart 1979

Hermann Hesse, Der Steppenwolf, suhrkamp, Frankfurt 1976

Franz Kafka, Vor dem Gesetz, in: Das Urteil und andere Erzählungen, Fischer, Frankfurt 1952/1994

Erwin Wickert, Der Klassenaufsatz, Reclam, Stuttgart 1974

Die Philosophie hat mich auf dem gar nicht so schmalen Pfad zwischen blindem Glauben und purer Ratio durch mein Leben begleitet. Hier sind jene Werke angeführt, die ich in diesem Buch zu Rate gezogen und zitiert habe

Kwame Anthony Appiah, Der Kosmopolit – Philosophie des Weltbürgertums, Verlag C. H. Beck, München, 2007

Rolf Dobelli, Die Kunst des klaren Denkens, dtv, München 2014

Heinz von Foerster, Der Anfang von Himmel und Erde hat keinen Namen, Kadmos Verlag, Berlin 2002

Heraklit, in: Bertrand Russell, Philosophie des Abendlandes (siehe dort)

Harald Koisser und Eugen Maria Schulak, Wenn Eros uns den Kopf verdreht, Orac Verlag, Wien 2005

Harald Koisser, Warum es uns so schlecht geht, obwohl es uns so gut geht, Orac Verlag, Wien 2009

Michel de Montaigne, Philosophieren heißt sterben lernen, in: Essais, Erstes Buch, dtv, München 1998

Friedrich Nietzsche, Jenseits von Gut und Böse, insel taschenbuch, Frankfurt 1984

Karl Popper, Die offene Gesellschaft und ihre Feinde, Band 1 und 2, Mohr Siebeck Verlag, Tübingen, 8. Auflage 2003

Richard David Precht, Wer bin ich und wenn ja, wie viele?, Goldmann, München 2007

Bertrand Russell, Philosophie des Abendlandes, Europaverlag, München/Wien 1997

Christiane Singer, Alles ist Leben – Letzte Fragmente einer langen Reise, btb, München 2011

Christiane Singer, Zeiten des Lebens (Von der Lust sich zu wandeln), Literareon München/Editions Albin Michel Paris 1983

Sokrates hat ja bekanntlich selbst nichts aufgezeichnet; über ihn informiert man sich am besten in

Bertrand Russell, Philosophie des Abendlandes (siehe dort)

Luciano de Creszenco, Geschichte der griechischen Philosophie, Diogenes Verlag, Zürich 1990

Diogenes Laertius, Leben und Meinungen berühmter Philosophen (verfasst im 3. Jh.), Meiner-Verlag, Hamburg 1998

Meine besondere Liebe gilt der Poesie. In einem einzigen Gedicht steckt oft eine tiefere Erkenntnis als in dicken Folianten. »Der Dichter führt seine Gedanken festlich daher, auf einem Wagen des Rhythmus«, wie Nietzsche sagte

John Donne, Alchemie der Liebe, Diogenes, Zürich 2004

Friedrich Nietzsche, Gedichte, Reclam, Stuttgart 1999

Rainer Maria Rilke, Die Gedichte, Insel Verlag, Frankfurt/Leipzig 2006

Aus dem Feld der Psychologie, Bewusstseinsforschung, Lebenshilfe, Medizin

Arjuna Ardagh, Besser als Sex – Die ekstatische Kunst des Awakening Coaching, Eigenverlag Awakening Coaching Deutschland, Frankfurt 2013

Nathaniel Branden, Die sechs Säulen des Selbstwertgefühls, piper, München 1995

Steve Jobs, Stanford Commencement Speech 2005, youtube.com

Rudolf Kapellner, div. Vorträge, persönlicher Mailverkehr, http://www.akademie-bewusstseinsforschung.at/

Christiane Northrup, Frauenkörper, Frauenweisheit, Zabert Sandmann Verlag, München 1994/1998

Claus Otto Scharmer, Theorie U – von der Zukunft her führen, Carl-Auer Verlag, Heidelberg 2009

Peter Schellenbaum, Das Nein in der Liebe, dtv, München 2011

Michael Vogler, Der Jakobsweg als mystischer Lehrpfad, Vortrag vom 23. Nov. 2004 in Tulln

Ken Wilber, Spektrum des Bewusstseins, Rowohlt, Reinbek 1991

Veit Lindau, Seelengevögelt - Manifest für das Leben, Life Trust Verlag
(Eigenverlag von Veit Lindau), ohne Jahresangabe

Aus Biologie & Wissenschaft

Hans-Peter Dürr, Lieben statt begreifen (2012) und Unsicherheit ist der
Ursprung des Lebendigen (2014), zwei Interviews im Magazin wirks
(www.wirks.at)

Hans-Peter Dürr, Geist, Kosmos und Physik, crotona Verlag, Amerang 2010

Norie Huddle, Butterfly (A tiny Tale of Great Transformation), erschienen
im Eigenverlag der Autorin als illustriertes Kinderbuch,
http://www.butterflyblessings.net

Gerald Hüther, Biologie der Angst, Vandenhoeck & Ruprecht, Göttingen
2014

Joël de Rosnay, Homo symbioticus, Gerling Akademie Verlag, München
1997

Mystik

Osho, Das Buch der Geheimnisse, arkana verlag, München 2009

Shulazi, Morgengespräche im Kloster des Abtes Linji, Bacopa Verlag,
Schiedlberg 2003

Anmerkungen und Quellen

1 »Authentizität wird überschätzt«, meinte der Coach und Bestseller-
   autor Arjuna Ardagh einmal launig bei einem Vortrag. Man ist authentisch, wenn man so handelt, wie man ist. Zelig ist authentisch. Immer
   und in jeder Sequenz. Aber wollen wir so sein? In der Psychotherapie
   wird statt »Authentizität« oft der Begriff »Kongruenz« verwendet, er
   meint die Fähigkeit, mit seinem wahren Selbst übereinzustimmen.
   Kongruenz scheint irgendwie tiefer zu liegen und sich mit etwas
   unter den oberflächlichen Schichten des Ego zu verbinden. Vielleicht
   geht es aber einfach um - Lebendigkeit.

2 Nach: Zukunft entsteht aus Krise, S. 237-238. Nicanor Perlas im
   Gespräch mit Geseko v. Lüpke; http://www.zukunftsraum.at/2010/08/
   soziale-transformation-vom-schmetterling-zur-raupe/

3 »Eros - So ein Theater oder Eine ganz normale Affäre«, Premiere im
   Restaurant Marx in Wien/Erdberg, Frühjahr 2006

4 Wer sich dafür interessiert, was da physiologisch genau passiert, kann
   das bei Gerald Hüther, Biologie der Angst, Göttingen 2014, nachlesen.

5 Enthusiasmus: von en theo - in Gott sein

6 Ich habe einen Satz von Einstein abgewandelt, der meinte, ein guter
   Wissenschaftler habe einmal am Tag das Gegenteil von dem zu
   denken, was seine Kollegen denken.

7 Die Spannung lässt sich natürlich auch aufheben, indem man
   die Vision herunter zum Ist-Zustand zieht. Man macht Abstriche,
   relativiert ein bisschen: »Eigentlich genügt es ja auch, wenn ich ...«,
   bis die Vision ganz klein und fast unsichtbar geworden ist. Die
   Spannung ist weg, herrlich, die Lücke geschlossen, allerdings nicht
   durch Kreativität, sondern durch Kraftlosigkeit.

8 Aus dem berühmten 12-Punkte-Programm der Anonymen Alkoholiker

9 Heinz von Foerster, Der Anfang von Himmel und Erde hat keinen
   Namen, Berlin 2002, hintere Umschlagseite

10 Dem Ungarn László Sári ist es zu verdanken, dass die vom Mönch
   Shulazi, einem Weggefährten Linjis, aufgezeichneten Reden vom
   Chinesischen ins Ungarische und somit in unseren Kulturkreis
   übertragen wurden (Shulazi, Morgengespräche, Bacopa Verlag,
   Schiedlberg/Österreich)

11 Michael Vogler, Der Jakobsweg als mystischer Lehrpfad, Vortrag vom 23. Nov. 2004 in Tulln

12 Skylla und Charybdis waren zwei Ungeheuer des Meeres. Sechs Männer des Odysseus wurden von Skylla gefressen, als sie Charybdis ausweichen wollten. Die Redewendung »zwischen Skylla und Charybdis« steht für eine Situation, in der man sich zwischen zwei Gefahren befindet. Weicht man der einen Gefahr aus, begibt man sich in die andere.

13 Das ist die berühmte Wunderfrage von Steve de Shazer.